© 2007 Gloria Kalil

Editor associado: A. P. Quartim de Moraes
Coordenação editorial: Márcia Duarte
Pesquisa e edição de texto: Leusa Araujo
Projeto gráfico: Leticia Moura
Editoração: Antonio Cesar Macedo de Souza
Fotos: Gui Paganini
Ilustrações: Marina Oruê, a partir de imagens do arquivo de Douglas Garcia
Tratamento de imagens: Felipe Caetano

Na foto da página 14, a cadeira é uma gentileza da Micasa.

Dados Internacionais de Catalogação na Publicação (CIP)

(Câmara Brasileira do Livro, SP, Brasil)

Kalil, Gloria
Alô, chics! / Gloria Kalil. -- São Paulo :
Ediouro, 2007.
Bibliografia.
ISBN 978-85-00-02211-1
1. Etiqueta I. Título.
07-7554 CDD-395

Índices para catálogo sistemático:
1. Boas maneiras : Etiqueta : Costumes 395
2. Etiqueta : Costumes 395

Todos os direitos desta edição reservados à Ediouro Publicações S.A.
Rua Nova Jerusalém, 345 – Bonsucesso
Rio de Janeiro – RJ – CEP 21042-235
Tel.: (21) 3882-8200 – Fax: (21) 3882-8212/8313
www.ediouro.com.br

ALÔ, CHICS!

etiqueta contemporânea

GLORIA KALIL

2ª reimpressão

Ediouro

NINGUÉM É CHIC SE NÃO FOR CIVILIZADO.

SUMÁRIO

Etiqueta para viver melhor, 15

I >> NAS CIDADES

I. NO CONDOMÍNIO E NO CLUBE

Um assunto do barulho, 19
Clube não é lugar de folga, 20

2. NA PLATÉIA

No escurinho do cinema, 23
Grude explícito, 25
Cinema falado, 26
Gente barulhenta, 27
Tosse nervosa, 28
Óculos escuros, 29
Noite de autógrafos, 30

3. NO RESTAURANTE

Parabéns a você, 32
Enólogos de plantão, 33
A conta, por favor, 34
Mulheres desacompanhadas, 35
Banheiros, 36
Crianças educadas existem, 37

4. NO ESCRITÓRIO

Condições de trabalho, 39

Mesa de escritório ou penteadeira?, 41

Ar condicionado, 42

Agendas lotadas, 44

Tiques, 45

Mulheres em minoria, 46

5. EM TRÂNSITO

De quem é a vez?, 49

Limpinhos e cheirosos, 50

Escadas: quem sobe, quem desce, 51

Mochila no metrô, 52

No trânsito, 53

Mulheres na pista, 55

Donos do mundo, 56

Histeria coletiva, 57

Como manter a classe no meio do apagão aéreo, 58

Roupas para viajar, 59

Regatas, não!, 60

Celulares e o direito dos não-falantes, 61

Concerto de fungos, 63

II >> OCASIÕES ESPECIAIS

I. ASSUNTOS DE FESTA

Dress-code: ainda existe?, 67

Traje solene, 69

Quando enviar os convites, 71

RSVP ou arrisque-se a ser barrado no baile, 72

Como não aceitar um convite, 73

Churrasco, 74

Patês, 76

Etiqueta no banco de reserva, 77

Aniversário de criança ou jogo do Brasil?, 78

Festa na empresa com categoria, 79

Show de formatura, 80

Defesa de tese, 82

2. CASAMENTO

Noivado: que festa é essa?, 84

Casamento-balada, 85

Espetáculo ou balada?, 86

Casar de novo, 88

Uma cerimônia muito antiga, 89

A lista de casamento moderna, 90

Casamento com ingresso pago, 91

O terceiro, 92

Criança não entra!, 93

Os dois pais da noiva, 94

Indicação de traje, 95

Casar sem terno, 96

A noiva veio de pink, 97

Longo em casamento, 98

Roupa de madrinha, 99

Botas no altar, 100

O noivo veio de branco, 101

Champanhe ou prosecco?, 102

No sítio, 103

Na praia, 105

III >> QUESTÕES DE FINO TRATO

Falhas de memória, 108
Foi plástica?, 109
Senhor ou você?, 110
Etiqueta do beijo, 111
Beijo gripado, 113
Casal não-casado, 114
Lula ou Luiz Inácio?, 115
Como começar um e-mail, 116
Correspondência eletrônica, 118
Prazer em conhecer, 119
Bom dia, cachorro!, 120
Em bom português, 121

IV >> SITUAÇÕES EXPLOSIVAS!

Barraco, 124
O bêbado, 125
Por que deixar barato, 126
Roupa igual na festa, 127
Braguilha aberta, verdinho no dente, 128
Comprando Viagra, 129
Desculpas esfarrapadas, 130
Esquecimentos imperdoáveis, 131
Mentirinhas brancas, 133
Me empresta essa roupa?, 134
Cabelo na sopa, 135

Não é da sua conta, 136
Pode trocar presente?, 137
Chá-de-cadeira, 138

V >> ENCRENCAS À MESA

Palitando os dentes, 142
O príncipe virou sapo, 143
Coisas que não se faz à mesa, 144
Caroço de azeitona, 145
Como enfrentar um coquetel de camarão, 146
O reino da pimenta, 147
Destemperos de um alérgico, 149
Vale-tudo no boca-livre, 150
Ao ataque, 151
Cada um no seu regime, 153

VI >> CORREIO SENTIMENTAL

Agência de descasamento, 156
Benhê!, 157
Quando ter dinheiro é problema, 158
Como o diabo gosta, 159
Primeiro encontro, 160
Ir ou não ir à missa, 161
Como lidar com um flagra, 162
Contrato de quarentena, 163
Por que não arrumo namorado?, 164

Vocês já têm seu intellidate?, 165

Quem troca o pneu?, 166

Homens no shopping, 167

VII >> EM FAMÍLIA

Hóspede: prazer ou tormento?, 170

Sogras: essa história não muda?, 172

Seus filhos, 173

Times opostos, 175

O que afinal é "ficar"?, 176

Posso trazer meu namorado para dormir em casa?, 177

Oscar Niemeyer quer se casar, 178

Dia dos Pais: presentes chatos à vista, 179

Natal com a família dele, 180

Devo, não nego, 181

VIII >> TENDÊNCIAS (DE COMPORTAMENTO)

I. DE OLHO NAS MUDANÇAS

Mudanças, 185

Somos todos paparazzi, 186

Mulheres fumando, 187

Fumantes em extinção, 188

Narcisistas, 190

Metrossexual, 192

Os geeks ou sexy é não ser sexy, 194

Homens turbinados, 196

Homens turbinados e outras gracinhas..., 197
Marinheiros de primeira viagem, 198
Dono de cachorro: uma raça à parte, 200
Amar é... educar, 202
Crianças nos anos 60, 204
Ser mulher, 205
Betty Friedan: adeus e obrigada, 207

2. CELEBRIDADES

Etiqueta para celebridades e fãs, 210
Fã chic, 212
Falar mal de ex, 213
Namoro no mar, 214
Naomi: pegou pesado? Pega no pesado!, 215
Famoso pode furar fila?, 217

IX >> TESTE SUA CIVILIDADE

Taxa de civilidade, 220

ETIQUETA PARA VIVER MELHOR

ALÔ, CHICS! Tem cabimento falar em etiqueta nos dias de hoje? Tem todo. Parece que as pessoas, principalmente as mais jovens, andam um pouco desamparadas com assuntos de comportamento; o caso é que vivem mandando perguntas sobre tudo quanto é tema: como recusar um convite do meu chefe? Quem paga a conta num primeiro encontro? Devo ou não ajudar uma mulher a carregar um pacote? Posso casar sem terno?

Dureza estar numa situação difícil sem saber como se sair, não é? Por isso tem aumentado o interesse por conhecer algumas coisas sobre a arte de viver melhor, que é a etiqueta.

Nada, mas nada mesmo deixa uma pessoa tão segura como quando entra num lugar sabendo que está preparada para o que a espera. Falem a verdade!

Etiqueta tem tudo a ver com civilidade. A falta de educação, de cortesia, o egoísmo e a excessiva individualidade tornam a vida nas grandes cidades infernal. E a etiqueta surge como uma espécie de ética do cotidiano, capaz de regular as relações entre as pessoas, deixando a vida mais leve.

Regras de etiqueta têm que ser conhecidas para, depois, poderem até ser desobedecidas ou contestadas.

Coisas de gente civilizada.

E VOCÊS SABEM: NINGUÉM É CHIC SE NÃO FOR CIVILIZADO!

I. NAS CIDADES

I. NO CONDOMÍNIO E NO CLUBE

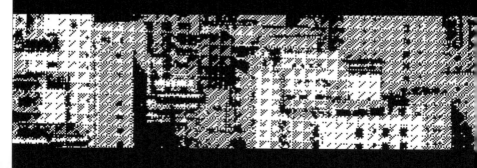

UM ASSUNTO DO BARULHO

Morar em apartamento não é igual a morar numa casa rodeada de jardins – por mais piscinas, garagens e porteiros chics que alguns prédios possuam. Ainda que essas moradas urbanas sejam bem construídas, ninguém fica totalmente isolado e livre do barulho de vizinhos. Reparem: é sempre o de cima que faz barulho no de baixo, embora muitas vezes os moradores não saibam disso por terem como vizinhos do andar superior pessoas adultas e silenciosas. Isso faz com que eles nem desconfiem que a correria de suas crianças, o ranger da esteira ergométrica e a música que ouvem vazem para o apartamento de baixo. Mas vazam!

Educado é forrar o quarto onde as crianças brincam com algum tipo de revestimento isolante; usar a esteira e ouvir música em horários que não atrapalhem o sono dos vizinhos – ou seja, nunca antes das dez da manhã ou depois das dez da noite – e tomar outras providências que demonstrem algum cuidado com os outros.

Mas como agir quando moram no prédio pessoas que tocam instrumentos musicais como bateria e guitarra, que fazem aulas de canto lírico, ou que têm *hobbies* barulhentos como marcenaria? Minha sugestão é que os condôminos se reúnam e, assim como fizeram uma sala para ginástica e para festas, façam uma sala acústica para os que têm atividades barulhentas. Dessa forma, todo mundo fica feliz, e a paz no prédio está garantida – de modo justo e civilizado.

CLUBE NÃO É LUGAR DE FOLGA

Ninguém escolhe o país em que vai nascer, os pais que vai ter, nem mesmo as primeiras escolas em que vai estudar. Mas clube, em geral, a gente escolhe. Num determinado dia resolve que quer freqüentar tal clube para fazer esporte, para poder usar uma piscina, para ter onde levar as crianças, para encontrar pessoas. Como qualquer outra instituição, clubes são associações privadas que, ao serem fundados, criam seus estatutos, suas regras; assim, quem entra está automaticamente concordando em obedecer, já que está lá porque quis. Certo?

Pois é aí que a coisa pega. É impressionante a quantidade de reclamações que ouço contra o comportamento de sócios dentro dos clubes. Sócios que tratam mal os empregados, que entram molhados na sede social, que almoçam sem camisa, que arrumam brigas, que bebem além da conta e saem desacatando outros sócios e funcionários.

Para essas pessoas, o clube é uma espécie de zona livre – nem casa, nem rua – o que permite um comportamento mais frouxo, com regras de convívio e de educação menos rigorosas.

E não pensem que essa folga se dá em grandes clubes populares. A mesma coisa acontece nos grã-finos, onde até em briga de garrafadas já se ouviu falar!

O que os diretores dessas associações devem fazer é deixar bem claras as suas exigências. Coloquem as normas nas paredes dos vestiários, nos corredores da sede, nas academias, nos cabeleireiros. Assim, ninguém pode dizer que não sabia.

A conduta de uma pessoa num clube é extremamente indicativa da sua "taxa" de educação e de civilidade.

Podem ter certeza que alguém que tem um comportamento grosseiro e cafajeste por lá é um cafajeste em sua vida pessoal também.

2. NA PLATÉIA

NO ESCURINHO DO CINEMA

O escurinho do cinema não quer dizer o buraco negro onde todas as regras de civilidade desapareçam como personagens de filmes infantis ou de ficção científica. O fato de estar num ambiente fechado e com pouca luz não libera – nem para maiores nem para menores – a falta de educação e a falta de compostura! Para que a sessão de cinema tenha um final feliz, algumas dicas de comportamento:

1. Pipoca: pode ou não pode?
Pode, é claro. Esse hábito norte-americano foi definitivamente incorporado às salas brasileiras. Só não vale jogar o resto e o copo no chão na hora de ir embora. Salas de espera têm lixos para isso.

2. O que fazer se a pessoa ao meu lado insistir em atender o celular?
Se ela não desliga e o telefone toca a toda hora, pode ter certeza de que, no mínimo, oito fileiras de espectadores também vão reclamar até o chato ser obrigado a ir conversar fora da sala ou desligar.

3. Guardar lugar para alguém que ainda não chegou é educado?
Pode ser feito. Um lugar no máximo. O que não se faz é tentar reservar três ou quatro lugares – usando o velho truque das bolsas e casacos. Aí, é abuso.

4. Se estiver acompanhado, posso fazer comentários bem baixinho?
Pode. Metade da graça de ir com alguém ao cinema é justamente poder comentar o filme com o acompanhante.

Mas só com ele. Seus vizinhos não têm que agüentar sua opinião sobre filmes búlgaros ou o seu entusiasmo com os músculos do Brad Pitt.

5. Gosto de tirar os sapatos durante o filme. Posso?

Depende. Se estiver seguro que os pezinhos estão limpinhos e cheirosos, pode. Desde que fiquem lá embaixo, no chão, e não apoiados nos braços da cadeira da frente, justamente na altura do nariz do vizinho.

6. Posso levar comida para dentro do cinema (como lanches do McDonald's, por exemplo?).

Não. Comidas trazem cheiros que não devem fazer parte do ambiente de uma sala de cinema.

7. Quais os pecados que alguém pode cometer dentro do cinema?

Se portar como se estivesse sozinho em casa. Ou seja: ficar namorando sem se importar que os outros escutem seus arrulhos de amor e passar a sessão de cabeças juntinhas, dificultando a visão de quem está atrás (sobretudo se o par de pombos for alto ou cabeludo); falar alto; amassar papel; bater com os pés na poltrona da frente; espirrar no pescoço do vizinho da frente; tossir o filme todo.

8. Como agir se meu filho falar demais ou chorar dentro do cinema?

Se um "fica quietinho e olhe o filme" não funcionar, leve-o embora imediatamente e vá ver o que há de errado com ele na sala de espera. Talvez ele ainda seja pequeno demais para encarar duas horas de silêncio e imobilidade.

GRUDE EXPLÍCITO

Não sei o que é pior: presenciar uma briga entre um casal ou, ao contrário, ter que testemunhar sessões de paixão explícitas com beijos cinematográficos, barulhentos e melados. Minha tia separou a bengaladas um jovem casal no cinema que, segundo ela, "só faltava tirar a roupa". O tumulto foi tamanho que as luzes se acenderam, o gerente foi chamado a interferir, e foram todos retirados da sala. Minha tia inclusive.

De fato, há coisas que um casal pode muito bem não fazer em público. É muita folga e falta de consciência do espaço do outro. Lugares públicos pedem uma etiqueta diferente do espaço privado. Isso é a regra base de uma sociedade civilizada.

Por exemplo: em casa, pode se ouvir música na altura que quiser, pode ir para a sala de pijama, pode ficar horas no telefone, pode fazer ginástica sem roupa, pode chamar a namorada de "tutuquinha", "fofilda", ou qualquer outro apelido bem ridículo que namorados se dão, e ninguém tem nada com isso. É também em casa, no espaço privado, onde devem ser resolvidos os assuntos amorosos – sejam as cenas de brigas ou ciúmes, ou os arroubos românticos.

Mas, em público, tenham dó. Respeitem esse lugar em que a civilidade deve prevalecer.

CINEMA FALADO

O que fazer com uma pessoa que está no cinema com o celular ligado e ainda bate papo quando ele toca? E a forma de repreender (se for o caso) deve ser a mesma para os mais jovens e para os mais velhos? – pergunta Bruna.

Na verdade, a maneira de puxar a orelha pode ser a mesma, pois velho ou moço, quem faz isso está se comportando igualmente mal! O que eu sugiro, no caso de alguém insistir em manter o celular ligado como se estivesse sozinho em casa, e sem tomar conhecimento dos olhares de censura dos vizinhos, é que, em vez de iniciar um bate-boca com o folgado (pode ser pra lá de desagradável), chame o lanterninha do cinema e peça que ele tome uma providência.

Todo mundo em volta vai adorar. E a pessoa em questão vai ter que se tocar.

GENTE BARULHENTA

Meu amigo Nelsinho Motta[1] escreveu uma crônica na qual reclamava, e reclamava duro, da falta de educação das pessoas demonstrada numa grande casa de shows durante a apresentação do cantor uruguaio Jorge Drexler – aquele que ganhou o Oscar de melhor música para o filme brasileiro *Diários de motocicleta*. Nelsinho estava uma fera com a falta de respeito do público, que gritava, falava e nem olhava o cantor que se apresentava no palco. Que vexame! E mais, era gente conhecida, metida a importante, da sociedade, celebridades. É possível uma coisa menos civilizada do que essa? Somos um povo informal, alegre e expansivo. Isso é bom e simpático – são qualidades. Só que essas qualidades passam a ser um problema quando se perde o respeito pelo direito do *Outro* nos espaços públicos. Aliás, também nos espaços mais íntimos.

[1] Nelsinho Motta, "Eles são muitos e não param de falar", crônica publicada na *Folha de S.Paulo*, São Paulo, 11/3/2005.

TOSSE NERVOSA

Parece brincadeira. Basta sentar numa poltrona para assistir a um concerto ou a uma peça de teatro que vem – não se sabe de onde, nem por quê – uma vontade louca de tossir. Comigo, não falha. Sou assinante dos concertos da Sala São Paulo: uma vez por mês assisto a um espetáculo que aquela orquestra maravilhosa proporciona. Pois é batata. É só o maestro pegar na batuta que a garganta começa a arranhar, e eu me vejo lutando para reprimir uma tosse (coisa que não me acontece nunca e em nenhum outro lugar).

Numa das apresentações, o maestro Neschling[2] avisou ao público que o concerto daquela noite seria gravado e, então, pedia aos espectadores que desligassem seus celulares e fizessem o favor de guardar seus tossidos para o intervalo, a menos que alguém quisesse ter sua tosse eternizada num CD!

A melhor solução é prevenir-se. Levar na bolsa umas balinhas de alcaçuz, canela ou menta e deixar que elas molhem a garganta impedindo os pigarros ou os acessos de tosse, que atrapalham os músicos e enfurecem os vizinhos de cadeira. E, caso vocês se sintam resfriados, deixem o espetáculo para outra oportunidade. Querem um conselho? Vitamina C e cama.

---

[2] John Neschling, maestro brasileiro, regente titular e diretor artístico da Orquestra Sinfônica do Estado de São Paulo desde 1997.

ÓCULOS ESCUROS

Uma das perguntas que mais tenho ouvido ultimamente é: "Por que você usa tanto óculos escuros, mesmo em ambientes fechados?" Bem, em primeiro lugar, devo confessar que não enxergo um palmo adiante do nariz. Preciso de óculos para ver de longe e de perto. Por isso, meus óculos escuros têm lentes de grau. Em segundo lugar, vamos admitir: são mais charmosos do que os transparentes, rejuvenescem, dão um ar um pouco misterioso, disfarçam as eventuais olheiras e a falta de maquiagem. Todas as estrelas de Hollywood sabiam disso já nos anos 40! Por isso, sempre que saíam de casa colocavam os seus. E não era para não serem reconhecidas, não. Muito pelo contrário. Sabiam que seriam reconhecidas, e não queriam ser pegas com a cara lavada por algum *paparazzo*.

Mas é adequado? Tem cabimento óculos escuros à noite? Concordo que não. A menos que vocês estejam com conjuntivite ou sejam jornalistas de moda e sentem na primeira fila de um desfile em que os refletores batem diretamente nas suas pupilas. Lentes escuras existem para proteger os olhos da luz forte, seja ela do sol ou artificial. À noite, óculos escuros perdem a função e dão a quem usa uma imagem sinistra e teatral. Neste caso, ou se arranjam uns transparentes bonitinhos, ou usam lentes de contato, ou saem de cegas e lindas dando trombada em cadeira!

NOITE DE AUTÓGRAFOS

Será possível que até o lançamento de um livro cause problemas de etiqueta? Pois é o que parece pela história contada pela Rose e a turma do escritório onde trabalha. Ela conta que uma pessoa da empresa lançou um livro com outros autores, e que os colegas foram convidados para a noite de autógrafos. Ao chegarem, o primeiro susto: o livro era caríssimo. O que fazer?

Não comprar, é claro. Basta dar um abraço; ou então, fazer uma vaquinha e comprar o livro em sociedade.

O segundo susto foi com o tamanho da fila, imensa, que já se havia formado quando eles chegaram. Precisa entrar ou pode cumprimentar de longe? O melhor é ir preparado para um programa em que o papo na fila faz parte. Quanto maior a fila, sinal de sucesso para o autor. Mas, caso não dê para esperar muito tempo, o jeito é acenar de longe para o amigo.

Dúvida final: é necessário pedir autógrafo para os demais autores que não se conhecem? Não, basta dar um sorriso aos outros e sair.

Saibam que, numa hora dessas, por mais importantes que sejam os autores, todos gostam de se sentir apoiados pelos amigos. Por isso, a etiqueta para a noite de autógrafos é uma só: não deixem de ir.

3. NO RESTAURANTE

PARABÉNS A VOCÊ

Jantando com amigos num pequeno e sofisticado restaurante da cidade, tivemos a conversa interrompida por um animado "Parabéns a você" cantado pelas pessoas da mesa ao lado, no momento em que o garçom se aproximou com um bolinho enfeitado por uma vela acesa. Os vizinhos de mesa do grupo festivo se entreolharam um pouco constrangidos; ninguém sabia muito bem se cumprimentava o aniversariante, se levantava um copo para brindar com eles, ou se fingia que não estava acontecendo nada. Alguém chegou a sugerir que deveria ser proibido esse tipo de manifestação em restaurantes menores e exclusivos. Em outras palavras, "Parabéns a você" só em churrascaria ou pizzaria. Será?

Não vejo muito bem por quê. Pequenos rituais de comemoração são atos de civilidade. Não há nada de tão invasivo e embaraçoso numa cantoriazinha discreta. É claro que, num ambiente mais formal, a famosa canção não precisa ser cantada em altos decibéis, muito menos ser seguida de alegres pique-piques. Mas, francamente, não vejo nada de mais em manifestações públicas de congraçamento ou de solidariedade. É levar a opinião dos outros a sério demais (ou se levar a sério demais) não poder festejar seus momentos de alegria em lugares públicos.

ENÓLOGOS DE PLANTÃO

Virou moda, de uns tempos para cá, homem entender de vinho, não é mesmo? Quem não tem um amigo que adora falar dos vinhos que encontrou não sei onde ou de determinadas marcas e safras que ele experimentou não sei com quem? Tirando alguns que a gente sabe que entendem de fato do assunto, fica sempre a impressão de que aquilo tudo é um pouco falso, um jeito meio infantil de parecer sofisticado.

Conhecer vinhos não é obrigatório. É, para algumas pessoas, um *hobby*, um prazer pessoal ou uma obrigação profissional. Se nenhum destes for o caso de vocês, não se preocupem e não deixem o assunto estragar um belo jantar. Mais do que tudo, não finjam que entendem, porque esse jogo de cena não convence ninguém.

Para ajudar a escolher o vinho que melhor combine com os pratos, existe o *maître*, ou o *sommelier* – o profissional que está lá só para isso. E mais: não pensem que o homem vai fazer vocês entrarem numa roubada e indicar um vinho caro sem que tenham chance de recusar. Normalmente, o *sommelier* põe em nossa mão a carta de vinhos para que a gente aponte uma marca qualquer – só para dar uma idéia do preço que desejamos pagar. Assim, ele poderá sugerir o melhor vinho dentro desse limite. Tudo muito natural e na maior calma.

Vinhos são perfeitos para tornar uma refeição mais saborosa e agradável. Não deixem que azedem seu prazer!

A CONTA, POR FAVOR

Para muita gente, a hora de pagar a conta num restaurante, num barzinho, provoca muitas dúvidas. É feio propor rachar? Homem paga sempre? Divide por pessoa? Divide por casal? Como evitar injustiças?

Hoje em dia é normalíssimo dividir as contas. Tanto entre jovens como entre adultos, homens ou mulheres. Cada um paga o seu e pronto. Ou então os casais dividem a conta por casal e, mais tarde, acertam o assunto entre si. Agora, se o casal aparece com uma amiga extra, divide-se a conta por pessoa, e o casal que levou a convidada paga três partes. A mesma regra vale para casais com crianças: os "donos" das crianças é que são responsáveis pelos sorvetes, sanduíches e refrigerantes que elas pedirem.

Se for um almoço de negócios, quem convidou paga. Seja homem ou mulher. E se for um primeiro encontro romântico? Não tenham dúvida de que as moças ficam impressionadas quando o cara se oferece para pagar. Mas, de qualquer modo, as mulheres têm que lembrar que trabalham, ganham tanto ou mais que muitos homens e que, portanto, rachar conta é uma atitude muito normal.

Consumiram uma garrafa de vinho sozinhos? Paguem por ela, sem constranger os que não beberam, e assim por diante. Fazer cálculos justos no final da noitada não é mesquinho – é civilizado.

MULHERES DESACOMPANHADAS

Todo casal tem uma ou algumas amigas avulsas que ele leva para baixo e para cima, não é mesmo? Toda vez que são convidados para um cineminha, uma pizza ou uma saída para conhecer um restaurante novo, chegam com a fulana ou a beltrana. Elas são até muito simpáticas, mas começam a se tornar um estorvo, porque o casal não se toca que cabe a ele pagar a parte delas na hora de rachar a conta.

É normal que cada um (ou cada casal) pague a sua conta. Mulheres avulsas, inclusive, pagam a sua parte numa boa. Trabalham e são independentes para isso mesmo. Mas, se por alguma razão, não podem entrar na contabilidade, não se deve obrigar outros casais a pagar a parte delas! Senão, em vez de serem bem recebidas e até acabarem fazendo parte do grupo, as coitadas vão ser olhadas de viés e boicotadas por todos. Isso vale também para viagens. Quando forem viajar em grupo e dele fizerem parte pessoas avulsas (homens ou mulheres), o ideal é uma reunião antes para combinar o roteiro, decidir os hotéis, e como as contas serão acertadas para que os casais não se sintam explorados – e os avulsos, um peso. É civilizado combinar tudo antes.

BANHEIROS

Sábado fomos ao cinema com amigos e, depois, jantar em um dos bons restaurantes da cidade. Pedido feito, um dos homens foi ao banheiro de onde voltou, minutos depois, escandalizado com a sujeira do local: papéis espalhados em cima da pia, o chão e a bacia molhados – um desleixo de dar vergonha. "Pior que banheiro de beira de estrada", comentou indignado. Olhamos em volta e ficamos nos perguntando se aquelas pessoas bem vestidas e aparentemente educadas fariam a mesma coisa no banheiro da própria casa. O que autoriza essa gente a achar que o comportamento em um lugar público pode ser diferente do que se tem em um lugar privado (com o perdão do trocadilho)?

Nada denuncia mais o grau de civilidade de um país e de um povo do que o modo de tratar a coisa pública e a coletividade. Um pouco de educação, cidadãos endinheirados!

CRIANÇAS EDUCADAS EXISTEM

Não pude deixar de reparar. Ao meu lado, no balcão de um restaurante japonês, um pai (obviamente pai separado) jantava com o filho no seu dia de guarda. A criança era bem pequena: teria no máximo 5 anos, mas chamava atenção pelo jeito civilizado como se comportava, e pela destreza com que manejava os traiçoeiros palitos japoneses, comendo de tudo – de peixe cru a *sushi* – sem deixar cair no balcão um só grãozinho de arroz. Os dois conversavam e riam. Claramente estavam aproveitando a noite e a companhia um do outro. Uma criança educada e feliz.

Pais e mães têm que entender que a função primordial deles é preparar as crianças para a vida, e que faz parte desse ritual dar limites. Isso é especialmente importante para pais separados que não têm forças ou coragem de educar os filhos quando estão juntos para não passarem a imagem de pessoas repressoras e, portanto, chatas.

As crianças precisam, pedem e querem ter limites para saber até onde vão seus direitos, e onde começa o dos outros. Criança sem limites vira um adulto invasivo, egoísta e mal preparado para viver em sociedade. Um ser civilizado é aquele que fica inteiramente à vontade no mundo porque conhece suas regras, seus direitos e também o dos outros.

O pai com o filho no restaurante japonês é um exemplo vivo dessa tranqüilidade. Olhando para eles, pedi um saquê e brindei, silenciosamente, à civilidade dos dois.

4. NO ESCRITÓRIO

CONDIÇÕES DE TRABALHO

O fato é o seguinte: a gente passa a maior parte do tempo da vida com as pessoas com quem trabalha. Muito mais tempo do que com os amigos, os namorados e a família. Curiosamente, o horário nobre do dia de todos nós é entre pessoas que não escolhemos, não conhecíamos antes e que podemos, até mesmo, não gostar. No entanto, bem ou mal, funciona. E pode funcionar ainda melhor se cada um observar pequenos cuidados para uma política de boa convivência. Não custa nada e torna oito horas do dia muito mais agradáveis. Falem a verdade: não é pouca coisa!

1. Não invadam o ambiente com a música do computador. Vocês podem amar as Cansei de ser Sexy, mas o vizinho odeia. Não se isolem com o fone de ouvido a ponto de obrigar seus colegas a levantar e cutucá-los para chamar a atenção.

2. Prestem atenção nos tiques: evitem batucar com a caneta enquanto falam ao telefone, causando um barulho irritante para quem está ao lado; tamborilar sistematicamente com a ponta dos dedos a mesa de reunião; assobiar baixinho enquanto escreve seus relatórios; balançar as pernas chutando (ainda que de leve) os pés da mesa.

3. Cuidado com outros tiques pouco higiênicos como ficar mexendo no nariz, fungar como se estivesse resfriado, ou produzir horríveis roncos e resfolegar como se o pulmão fosse sair pela garganta.

4. Não abusem do perfume nem da falta dele. Um cheirinho de limpeza é sempre muito agradável.

5. Telefonemas particulares devem ser rápidos e em tom baixo. Aliás, não falem alto nunca.

6. Ao sair para um cafezinho, levem consigo o celular para que ninguém tenha que aturar os sons das chamadas enquanto vocês estão fora.

7. Não comam na mesa de trabalho para não enjoar o vizinho com cheiro de comida. E, ao terminar o lanche, deixem a mesa impecavelmente limpa.

8. Não fumem, em hipótese nenhuma, na mesa de trabalho. Não adianta abrir a janela e fumar ali do lado. Para isso existem os "fumódromos".

9. Anotem o recado na ausência de um colega. Não precisam entrar em detalhes e dizer que ele foi ao banheiro.

10. Sejam bem-educados sempre. Sorriam e digam *bom dia*, e muitas vezes *por favor*, *obrigado* e *até amanhã* aos seus colegas, porteiros, manobristas, telefonistas, faxineiros e chefes.

Parece óbvio? Pois não é. É só lembrar quantas vezes esses pequenos hábitos dos colegas causaram enormes aborrecimentos no escritório.

Trabalho exige concentração e requer condições mínimas e civilizadas para que se realize.

MESA DE ESCRITÓRIO OU PENTEADEIRA?

Vasos de flores, fotos das crianças, dos cachorros, caixinha com esmalte de unha, alicate e lixa, um robozinho de plástico, duas canecas com lápis e canetas, um computador com orelhas de pelúcia tigrada, uma almofada de chitão na cadeira. De que estamos falando? De um cantinho da sala de estar de uma simpática casa de família? Nada disso: é a mesa de trabalho de uma das funcionárias de uma empresa de embalagens. Um exagero, sem dúvida nenhuma. Há empresas que permitem e até incentivam um pouco de personalização do canto do escritório para que o funcionário se sinta em casa e trabalhe mais relaxado e satisfeito. Vejam bem: "um pouco". Outras, ao contrário, acham que deve haver uma completa separação de atitude entre o espaço privado e o público para o melhor aproveitamento das duas situações, e que trazer a atmosfera doméstica para o trabalho só atrapalha. Essas empresas em geral têm um projeto arquitetônico sofisticado, tudo branco, de vidro e aço. Sabem como é? Nesse caso, até uma florzinha que não seja uma impecável orquídea branca destoa e parece demais.

A mesa da secretária da diretoria é uma boa pista para quem vai trabalhar numa nova firma e ainda não se situou no grau da decoração: *clean* ou barroca? Olhem bem para a mesa dela e saibam como é o perfil dessa empresa e, portanto, o que espera de vocês.

AR CONDICIONADO

(Essa é para os paulistanos, curitibanos, catarinenses...)

Foi-se o tempo em que ar condicionado era luxo ou então privilégio do Rio de Janeiro. Acho que depois de tanto interferir na natureza, os homens acabaram alterando os sistemas climáticos de inúmeros lugares. São Paulo, por exemplo, há muito deixou de ser a famosa terra da garoa. Não temos mais garoa, não temos mais estações definidas, e já nos acostumamos com temperaturas de mais de 30 graus durante o verão – e mesmo fora dele faz um calor infernal. Ar condicionado nos carros passou a ser necessidade por causa do calor (e até mesmo por uma questão de segurança), e não existe mais escritório sem esse conforto.

No entanto, há uma etiqueta para o ar condicionado que os paulistanos ainda não assimilaram. Principalmente nos escritórios. Pois é bom que se adaptem porque, pelo que dizem os meteorologistas, a tendência é a terra ficar cada vez mais quente e, cada vez mais, os ambientes refrigerados vão fazer parte da nossa vida.

1. Quem acha que o ar condicionado do escritório está muito frio deveria perguntar primeiro aos outros se também estão achando, antes de sair esbravejando e pedindo para desligar ou aumentar a temperatura.

2. Friorentos, defendam-se levando um casaquinho, um xale, e até mesmo uma meia para deixar na gaveta da mesa. Se o ar dá direto na cabeça de vocês, desloquem

a mesa e não reclamem: o bem-estar comum prevalece sobre o individual.

3. No escritório, o ar-condicionado tem de ser regulado de acordo com a necessidade dos que sentam no "fundão" e que estão passando calor. Contra o frio a gente tem recursos. Mas contra o calor não há salvação.

AGENDAS LOTADAS

Tem máquina para lavar, para passar, para escrever, para voar, para andar, para tudo – o que deveria nos poupar tempo. E, no entanto, cada vez mais temos menos tempo. O luxo dos luxos hoje em dia é ter um tempinho livre para si. Será que estamos trabalhando mais? Será que estamos calculando pior o nosso tempo?

Há alguns dias olhei uma página da minha agenda e desanimei: eram tantos os compromissos que se eu tivesse um pneu furado ou desse uma topada ia desorganizar a minha vida e a de uma porção de pessoas com quem eu tinha encontros marcados. Minha sorte foi que no meio da tarde um dos programas foi desmarcado. E eu fiquei encantada com a folga que essa desistência me possibilitou. Que delícia, de repente, meia hora livre – sem atrasos ou esperas! Sabem o que fiz? Nada! Sentei num café, tomei um sorvete e fiquei lá, à toa, olhando a rua e vendo o povo passar. Voltei para o escritório, refeita e lépida como se tivesse passado uma noite bem dormida. Chics, recomendo a experiência de uma meia horinha livre por dia durante o expediente. Vocês vão me agradecer!

TIQUES

Diferentemente do tique nervoso – uma doença que causa repetições involuntárias –, tique é um hábito ridículo ou incômodo, segundo o dicionário do professor Houaiss. Ele só não explica para quem. Pois deveria. Deveria dizer que é muito incômodo não para quem o pratica, mas para quem está ao lado.

Todo mundo já se deparou com alguém que repete sempre o mesmo gesto irritante sem se dar conta do quanto isso pode atacar os nervos dos outros: gente que batuca na mesa enquanto conversa; que bate o lápis no telefone enquanto fala; que balança os pés freneticamente; que acende e apaga o isqueiro durante uma reunião. Uma tortura da qual não se pode fugir, principalmente quando o hábito é de algum colega que trabalha na mesa ao lado.

Ultimamente, tenho reparado em outro tique igualmente irritante, um cacoete de linguagem: as pessoas usam as mesmas expressões, muitas vezes, durante uma frase. Até pouco tempo, a favorita era *pode crer*, depois passou a ser *com certeza* e, agora, é *na verdade*. Podem reparar... E se irritar.

Não custa prestar um pouco de atenção e ver se também não estamos enlouquecendo alguém com algum tique que nem sequer nos demos conta. Uma averiguaçãozinha civilizada nos nossos próprios modos vai bem.

MULHERES EM MINORIA

Fui convidada para um almoço anual em uma grande empresa multinacional de consultoria financeira promovido pelas poucas mulheres que trabalham nesse setor. A idéia é poderem estar juntas e dividirem seus problemas e dúvidas, o que elas nunca têm oportunidade de fazer, já que vivem em um universo totalmente masculino e machista que considera qualquer assunto do mundo feminino como fraqueza ou falta de profissionalismo.

A maioria das mulheres estava na faixa de 25 e 35 anos de idade, com a exceção de umas quatro veteranas, há mais de vinte anos nessa área.

Fiquei pasma com o que elas me contaram.

Por exemplo: elas nunca atendem aos telefonemas de casa na frente de algum colega homem, pois imediatamente a cara dele se fecha como se elas estivessem perdendo tempo com bobagens (tais como: a escola que liga para avisar que o filho quebrou a perna!). Sem falar que o grau de tolerância com uma reles dor de cabeça que elas possam ter é zero; no entanto, qualquer um deles que chegar reclamando de estar péssimo por conta de um porre da véspera é tratado com toda a solidariedade e imediatamente uma delas é chamada para trazer um chazinho. Até mesmo se ela for hierarquicamente superior ao infeliz! Pode?

Uma das veteranas me contou que, num congresso em Amsterdã, em que só estavam duas mulheres no meio de trinta homens, os anfitriões programaram para o encerramento um jantar na famosa rua das prostitutas com um show erótico. Já imaginaram a situação delas?

Rapazes, francamente. Estamos no século XXI e mulher nenhuma teria mais que ficar provando o tempo todo que é intelectualmente tão capaz quanto qualquer homem. Parem de se comportar como se estivessem nas cavernas. Sejam mais civilizados. E, para tanto, não basta ter bons carros ou entender de vinhos.

Ser civilizado é saber respeitar diferenças.

5. EM TRÂNSITO

DE QUEM É A VEZ?

Imaginem a cena: elevador cheio parando num andar. Uns querendo entrar, outros querendo sair. Pronto! "Embolamento", trombadas e mau humor à vista. Será que até hoje não se estabeleceu com clareza que quem sai deve ter prioridade sobre quem entra? Há uma lei da física que diz que dois corpos não podem ocupar o mesmo espaço ao mesmo tempo. Isto é perfeito para elevador, gente! Primeiro, sai; depois, entra. E essa regrinha básica de etiqueta também vale para portas de cinema e metrô.

Outro nó muito comum se dá ao telefone. Alguém ligou e a ligação caiu? Esperem que a pessoa chame de volta. Quem chamou é quem liga de novo. Quem recebeu a ligação, espera. Senão começa aquele sinal de ocupado que não tem fim.

Não faz todo o sentido? São coisinhas assim que fazem a vida da gente fluir melhor.

LIMPINHOS E CHEIROSOS

Conheço quem não usa desodorante por achar que o banho diário dá conta do assunto. Não dá. A vida nas grandes cidades faz com que as pessoas se apertem em elevadores, ônibus, escritórios, o que vai exigir, para o bem-estar comum, cuidados de limpeza mais atentos.

Brasileiros têm fama de ser limpinhos e cheirosos. Faz parte da nossa cultura tomar até mesmo mais de um banho por dia. Mas, como isso nem sempre é possível, desodorante, sabonete e roupas bem lavadas e trocadas diariamente resolvem o caso.

Tem gente que não gosta dos cheiros artificiais de desodorantes, loções pós-barba e xampus. Paciência – o artificial é socialmente mais aceitável do que cheiro de corpo (que é muito íntimo) ou de cabelo mal lavado, traço indiscutível de falta de cuidado com a higiene pessoal. Não acham?

ESCADAS: QUEM SOBE, QUEM DESCE

O trânsito nas escadas também tem suas regras. A ordem internacional é subir e descer sempre pela direita, evitando encontrões. Mas quem sobe na frente: o homem ou a mulher?

Concordo com o que diz o mestre da etiqueta dos anos 50, Marcelino de Carvalho, em seus livros: homens sempre à frente e as mulheres atrás, inclusive na descida. Essa regra continua valendo, especialmente se as mulheres estiverem de minissaia (coisa que ele nunca imaginou que pudesse acontecer). Nada pior do que subir uma escada tendo que apertar a saia contra o corpo para não ficar com a sensação de que tem um sujeito atrás olhando suas pernas e até mesmo a cor da calcinha – ainda que involuntariamente!

Mas faço uma ressalva que leva em conta o bom senso. No caso de uma senhora mais velha ou de alguém com dificuldade para subir os degraus, ou até mesmo uma jovem empoleirada em saltos muito altos, o ideal é que os homens subam ao lado – ou um pouco atrás – para ajudar caso haja algum escorregão ou desequilíbrio. Bastante lógico e simples, não é mesmo?

MOCHILA NO METRÔ

No meio da rua o homem me olhou, cumprimentou e disparou: "A senhora é a pessoa que fala sobre moda e etiqueta, não é?" "Eu mesma", respondi. "Pois então a senhora dê uma bronca naqueles homens que entram em ônibus ou metrô de mochila nas costas e ficam perturbando todo mundo com aquele volume que bate, empurra e até derruba quem está atrás. Diga a eles que quando se entra num transporte coletivo, a mochila tem que ser tirada das costas e posta no chão; ou então colocada na frente do corpo bem apertadinha para não atrapalhar os outros. A senhora me faça esse favor?"

Pois o favor está feito. Aliás, favor nenhum. Ele tem toda a razão. Isso também vale para mulheres que andam com bolsas enormes penduradas nos ombros e que, num *hall* de cinema ou numa fila qualquer, ficam conversando e se movimentando, dando bolsadas em quem está por perto sem ao menos notar o que estão fazendo. Ninguém lembra que uma "bolsona" ocupa o espaço de uma pessoa e que, portanto, incomoda muito quem está do lado se não for usada com jeito.

NO TRÂNSITO

O trânsito numa grande cidade é mesmo aquela beleza que a gente conhece... Mas é possível manter a classe nessa verdadeira prova de resistência moral e cívica.
Vejam as coisas que um chic não faz nem morto:

1. Jogar papel, palito de sorvete, ponta de cigarro... ou qualquer lixo pela janela do veículo. Tenham a santa paciência! – a gente não devia nem comentar este item...

2. Xingar o motorista do carro vizinho. Contem até mil, mas não cedam a essa tentação. Tem coisa pior do que emparelhar com o xingado no próximo sinal?

3. Usar a buzina à toa. Calcar a mão, na porta do prédio, só para avisar que chegou, é muita folga. Mais chato ainda se a buzina tiver sons exóticos como berrantes de boi, cacarejar de galinha ou som de "O calhambeque"...

4. Travar as passagens das ruas só para não perder um sinal amarelo.

5. Fazer da mala do carro uma boate com caixas de som apropriadas para um estádio, e impor suas músicas ao bairro ou à praia inteira.

6. Dar uma de esperto ultrapassando pela esquerda os carros que estão na fila e, depois, querer que os outros ainda o deixem voltar como se nada tivesse acontecido.

7. Cobrir o vidro do carro com adesivos, cachorrinhos, palhaços, frases engraçadinhas.

8. Cutucar o nariz ou espremer cravos nos engarrafamentos.

9. Conduzir sem camisa ou de regatas em cidades sem praias por perto.

10. Achar que é um direito de toda mãe fazer fila dupla ou tripla na porta dos colégios na hora de buscar os filhinhos.

E homens, por favor, mordam a língua, mas não chamem mulher de Dona Maria. Não tem nada pior!

E as atitudes chic[érrimas] no trânsito:

1. Lembrar que trânsito não é uma ofensa pessoal e que, portanto, não precisa ser enfrentado com rancor e fúria assassina.

2. Manter o carro limpo, sem cheiro de cinzeiro velho.

3. Não esquecer que o seu adorado cão solta pêlos e que o carro merece um aspirador de vez em quando.

4. Investir num som decente para que as horas do *rush* se transformem num programa de boa música.

5. Resistir ao celular para não ficar conduzindo como uma pessoa alcoolizada e sem rumo.

6. Sorrir e manter a calma quando crianças ou adultos descuidados sujarem o banco do seu carro. Afinal, carro não é sala de visitas.

MULHERES NA PISTA

Eu estava num táxi, indo para casa, quando o carro do lado, inesperadamente e sem nenhum sinal, deu uma guinada, passou a nossa frente e entrou numa rua transversal. O chofer do táxi nem hesitou: xingou feio, e ainda se virou para mim indignado: "A senhora viu o que ela fez?" Quando emparelhamos com o tal carro mais adiante, vi que ela não era *ela*. Era *ele*. Ou seja, tratava-se de um homem. Mas para o taxista, o pensamento tinha sido automático: Barbeiragem? Só pode ser coisa de Dona Maria.

No entanto, é sabido que mulheres causam muito menos acidentes de trânsito do que homens, levam muito menos multa e quase nunca se envolvem em trombadas fatais. A fama de barbeiras é injusta e antiga. Vem do tempo em que poucas eram as famílias que dispunham de mais do que um veículo, e que só os homens guiavam. Hoje, mulheres passam o dia no carro "chofeirando" a família, dirigem táxis, caminhões e estão tão acostumadas com essa máquina como com as de lavar, com os computadores ou telefones. Preconceitos são assim – arraigados e difíceis de ser extirpados. Por isso, cavalheiros, pensem nisso antes de chamar de Dona Maria a pessoa que fizer uma bobagem no trânsito. Ela pode ser (e geralmente é) um homem.

DONOS DO MUNDO

Minha professora de ginástica chega em casa indignada: "Você precisa dar um ralo nesses ricaços mal-educados que andam com seguranças pelo trânsito da cidade" – reclama. "Levei uma fechada de um deles e, em seguida, uma pior ainda dos seguranças que quase me jogam fora da pista: tudo para que o carro da escolta não saísse da cola do alucinado do patrão que ia à frente."

Ela tem toda razão em estar furiosa. Pessoas que contratam esse tipo de proteção deveriam lembrar que a segurança que eles tanto querem vai para o espaço quando dirigem como loucos. Pois, além de se colocarem em alto risco de desastre, obrigam seus anjos da guarda contratados a correr atrás deles arriscando a própria vida e a dos cidadãos comuns. É um contra-senso que só se explica pela prepotência e pela total falta de educação destes que se acham donos do mundo.

Dinheiro na mão de gente sem noção de civilidade é uma arma tão perigosa como qualquer revólver na mão de bandidos.

HISTERIA COLETIVA

Fiquei muito impressionada com o comportamento dos paulistanos naqueles dias em que a cidade entrou em convulsão por conta da guerra de bandidos e polícia. Não sei o que foi pior, se o pânico causado pelos atentados ou pelos boatos histéricos que corriam pela internet e celulares. Estava num shopping quando comecei a receber telefonemas de amigos alertando para que eu evitasse a área, pois o shopping estava sendo atacado. Não era verdade: o lugar estava calmíssimo. Mas boatos são tão poderosos, que horas depois o shopping fechou – assim como lojas, escolas e restaurantes da região.

Sei que é difícil manter o controle quando se está no meio da confusão. O que não pode é sair por aí repetindo informações sem ter certeza da verdade. Porque o boato pode causar (e causa) mais estragos.

A palavra pânico vem de Pan, o deus grego das florestas que se divertia assustando e desorientando viajantes tocando flauta no escuro em lugares diferentes. Pânico é isso: medo de coisas que não se conhecem e que não se sabe de onde vêm. Controlar-se e ajudar a manter a calma coletiva são deveres de gente civilizada.

COMO MANTER A CLASSE NO MEIO DO APAGÃO AÉREO

A ameaça é ter de encarar um avião no feriado? Aquela perspectiva de uma ótima viagem para passar uns dias com a família ou com os amigos está correndo o risco de virar um pesadelo por conta dos apagões aéreos? Pois é. Então se preparem para enfrentar a roleta russa que representa hoje uma viagem pelo ar com um mínimo de classe, para não acabar dando um show de fúria na televisão. Por mais justificado que seja o mau humor, o melhor é ir preparado para uma longa espera, fazendo um "kit-apagão" com alguns itens que podem amenizar a indignidade de ser tratado como um meliante no aeroporto.

O que pode ser de valia numa hora dessas?

Vamos começar lembrando de levar um cobertor bem grosso para não ter que sentar ou dormir no chão. Para apoiar a cabeça, uma mochila macia em que caibam escova de dente, pasta e um perfuminho para alegrar a própria vida e a dos vizinhos de miséria. Óculos escuros; dois livros, de preferência policiais, daqueles que não dá para desgrudar o olho; um ou mais celulares bem carregados; máquina de fotografia para registrar cenas impagáveis que vão acontecer ao seu redor; água e chocolate. Baralho é uma boa idéia para quem gosta de fazer amigos em qualquer circunstância. No mais, toda a paciência de que puderem dispor e meus votos de boa viagem!

ROUPAS PARA VIAJAR

Até não muito tempo atrás, as pessoas se vestiam com um pouco de cuidado para viajar – especialmente nas viagens de avião. Eu não sei o que foi acontecendo, mas não vai demorar muito para alguém aparecer de pijama no aeroporto. A informalidade foi tomando espaço e se instalou em todas as classes de um avião: da primeira até a econômica. Os aeroportos parecem grandes academias onde o que mais se vê são calças de malha, shorts de ginástica, chinelos, tênis pra lá de usados e sujos, camisetas regatas. Gente! Avião propicia uma proximidade muito grande com pessoas com as quais não temos nenhuma intimidade e que vão estar sentadas comendo, se movimentando e até mesmo dormindo do nosso lado por horas e horas.

Quem quer ter como vizinho um peludo de camiseta sem mangas que passa o braço no nariz da gente cada vez que pede uma bebida? Ou uma mocinha cujo perfume causa enjôo? Ou alguém que saiu da praia direto para o avião e que deixou o banho para a volta? Ou um garoto que tira um tênis imundo ao se preparar para uma soneca ao seu lado?

Viajar costuma ser uma atividade coletiva. Poucas pessoas viajam sozinhas num avião. Portanto, alguns códigos de boa vizinhança devem ser observados para que nada aperte ou incomode. Nem a vocês nem ao vizinho de assento. Um belo banho antes de partir, uma roupa cômoda, mas estilosa, fazem uma viagem mais agradável para todo mundo.

REGATA, NÃO!

O Renato, que mora em Santos, concorda comigo que o pessoal anda muito desleixado para viajar, e também tem horror de se sentar ao lado de homens de regata em ônibus ou avião. "Nem o Gianecchini [3] segura uma regata" – diz ele, bem-humorado. E comenta que tem visto homens de bermuda, camiseta sem mangas e até de moletom nos concertos da tarde no Teatro Municipal. "É desaforo", continua ele. "Os músicos superalinhados e o povo daquele jeito."

Renato, fecho total com você: os músicos dando o melhor deles no palco, tocando de casaca, e na platéia o povo de bermuda!

[3] Reynaldo Gianecchini, ator brasileiro.

CELULARES E O DIREITO DOS NÃO-FALANTES

Permitir celular em avião? Não faltava mais nada. Adeus sossego! Já pensaram na amolação de ter alguém falando sem parar enquanto tentamos dormir, ler ou trabalhar – as três melhores coisas para se fazer nas alturas? Eu acho que, pelo menos, as companhias aéreas deveriam pensar em dividir o avião e fazer a ala dos falantes e a dos não-falantes, com uma boa porta de vidro no meio para segurar o som, já que todo mundo berra ao falar em celular, só Deus sabe por quê.

É impressionante como celular mexe com os nervos das pessoas: basta tocar que a pessoa pula para atender ou procura freneticamente o aparelhinho na bolsa para responder no ato.

E não é só aqui que isso acontece. Na Europa todo mundo fala sem parar pelas ruas, nos trens, nos cafés, no metrô, embora falem mais baixo do que aqui. É horrível ter que compartilhar conversas pessoais ou profissionais que não têm um pingo de graça com quem a gente nem conhece.

Grande parte das conversas que se ouve é papo furado sem nenhuma importância. Puro hábito. Assim como virou hábito, péssimo por sinal, dar o número de seu aparelho para qualquer um. Celular é um número reservado e pessoal que deveria ser restrito a pessoas íntimas ou contatos profissionais importantes. Uma vez estava almoçando, quando duas garotas se sentaram ao meu lado. Depois de fazer o pedido, começaram a conversar até que tocou o celular de uma delas. Pois não é que a garota passou todo o almoço pendurada na ligação, deixando a amiga comer sozinha até a última frita? Ao me levantar, não resisti: disse para a amiga abandonada que, da próxima vez, sentasse comigo, levasse um livro para se distrair ou fosse para casa. Tudo menos fazer papel de boba ao lado daquela mal-educada papagaia falante!

O assunto vai além da etiqueta. O prefeito de Nova York está propondo multar os usuários conectados pelas ruas, pelo risco que correm de se acidentar ou de ser assaltados enquanto estão distraídos e falantes.

Celular é ótimo, mas tem que ser usado de maneira civilizada. Como tudo na vida, aliás.

CONCERTO DE FUNGOS

O inverno está aí e, como sempre, uma maldita gripe da hora ataca a população. Então começa o infernal festival de fungos. Nada pode ser mais desagradável do que se sentar ao lado de um fungador num lugar público, principalmente se for num avião, ou numa situação em que não dá nem pra mudar de lugar. A pessoa acha normalíssimo ficar fungando em vez de usar lenço de papel, ou ir ao banheiro e assoar o nariz de uma vez por todas. E a gente fica ali, preso, imaginando que vai acabar pegando o mesmo vírus e adoecer também. Sem falar que é meio nojento.

O problema do fungador nem sempre é de saúde. Fungar – e até mesmo roncar com o nariz – acabam virando um vício. Podem reparar na quantidade de pessoas que fungam sem que ao menos estejam resfriadas ou engasgadas, sem motivo, como um tique, um hábito horrível e que se tornou muito comum. Nos escritórios é um inferno! Todo dia as pessoas são obrigadas a conviver com um fungador que nem mesmo percebe quanto o tique é desagradável.

Por favor, pessoas fungadoras, saibam que seus ruídos são tão pouco civilizados como comer de boca aberta, cuspir no chão e outros comportamentos mal-educados.

II. OCASIÕES ESPECIAIS

I. ASSUNTO DE FESTA

DRESS-CODE: AINDA EXISTE?

Li outro dia num artigo de uma colunista de moda que não se usa mais colocar o *dress-code*, ou seja, a indicação do traje, num convite impresso; que isso é coisa do passado e que agora cada um vai como quer.

Pois devo dizer que discordo totalmente. O *dress-code* é uma indicação preciosa sobre o tom do evento para o qual estamos sendo convidados. É muito importante saber se o jantar que o chefe do marido está dando exige que ele vá de terno e gravata ou com roupa casual; é muito importante saber se a festa de aniversário de uma pessoa não muito íntima será um baile em que as mulheres vão estar de longo e de jóias, ou se uma balada em que jeans e shorts serão as roupas mais adequadas.

Quem vai esclarecer essas dúvidas é o *dress-code*.

Convites sem essa informação deixam as pessoas na insegurança e na boca do erro. Nada pior do que estar vestido demais ou de menos em qualquer ocasião.

Os códigos de roupa mais comuns ainda são:

1. Traje esporte – significa uma roupa descomplicada: as mulheres podem esquecer o salto alto e ir de vestido leve ou calça com camiseta e blusinha; e os homens, de camisa e calça esportiva. Para os dois, vale um jeans que não seja estropiado. O simples fato de o convite ser impresso, porém, revela um grauzinho de formalidade. Não é para aparecer de bermuda e chinelo como se estivessem indo num churrasco na casa do cunhado.

2. Esporte fino ou traje passeio (*tenue de ville*) – o grau de formalidade subiu: não há necessidade de gravata, mas o jeans deve ser substituído por uma calça de brim ou gabardine. Em alguns casos é a hora do blazer sobre camisa, sem gravata. As mulheres devem usar uma sandália de salto, um vestido mais caprichado.

3. Traje social – ou social completo ou passeio completo: é terno e gravata para os homens (terno claro para o dia e escuro para a noite) e vestido de tecidos mais nobres para as mulheres (as sedas, as musselinas, os *georgettes*, os bordados).

4. E por fim, *black-tie* – ou traje a rigor: aí é o *smoking* para os homens e vestidos de baile para as mulheres.

Atualmente é comum receber convites com outras nomenclaturas: "venha bonitinha", "venha *fashion*", "venha chique", etc. Isso significa que é para ir com uma roupinha na moda, mas sem grandes formalidades: valem os jeans de marca com blusas bonitas, camisetas customizadas ou diferenciadas; vestidinhos curtos com sapatos maravilhosos; laçarotes engraçados nos cabelos; acessórios interessantes e cheios de personalidade.

Como se vê, nada é mais útil do que aquela pequena indicação de traje escrita nos convites para que vocês se situem e escolham como querem e vão ser vistos.

TRAJE SOLENE

Dress-code é uma dica muito útil para saber o tipo de festa para o qual se está sendo convidado e, assim, poder se vestir de acordo e se sentir entre pares.

Esnobar este código só tem sentido se alguém quiser fazer um ato de rebeldia para mostrar a todos que não é daquela tribo, que não compartilha os mesmos valores dela ou, então, quer aproveitar para fazer do evento uma manifestação política, ideológica ou cultural. Qualquer outro motivo será considerado um erro de entendimento da cerimônia.

Isso tudo para dizer que acho que está faltando uma categoria nos termos dos *dress-codes* que conhecemos. Sabemos o que é um traje esporte, um traje social completo, um *black-tie*, mas não existe (e deveria existir) a indicação de *traje solene*. Esta seria a roupa apropriada para festas sóbrias em que grandes arroubos fashion não seriam bem vistos como: recepções em embaixadas, posses em cargos importantes, solenidades nas academias de letras, festas de diretorias de grandes empresas, reuniões políticas em palácios de governo, visitas de papas e assim por diante.

Nessas horas, o elegante é respeitar completamente a ocasião e não desviar a atenção dos presentes com roupas inadequadas, acessórios exagerados e fora do tom. Não é hora de cabelos e maquiagens loucas, acessórios cheios de personalidade como botas, bijuterias gigantes, chapéus desnecessários, cores berrantes, vestidos de cauda ou curtos demais. Erros ou exageros nessas solenidades são constrangedores para quem comete e para quem presencia.

Vou sugerir a chefes de cerimonial que incluam essa nova categoria nos convites oficiais para que, quem sabe, aos poucos, a novidade acabe sendo adotada por todos. *Traje solene* – que eu saiba, não existe. Mas deveria.

QUANDO ENVIAR OS CONVITES

Com quanto tempo de antecedência se manda um convite? Depende da festa que se está planejando.

Se o convite for para um casamento, o prazo é no mínimo de um mês, tempo necessário para que amigos ou familiares que moram fora da cidade em que a cerimônia vá se realizar tenham tempo de se organizar para comparecer; tempo para todo mundo arrumar uma roupa nova ou mandar a escolhida para o tintureiro; tempo para comprar o presente com calma.

Se o evento for um jantar para pessoas muito ocupadas, o ideal também é marcar a data com um mês de antecedência para ter chance de que os convidados ainda estejam com a agenda livre, ou para que dê tempo de mexer na data em função dos compromissos de todos eles.

Para festas maiores, de aniversário ou de despedida de alguém que vai viajar, o ideal é uma antecedência de quinze dias; e para festas normais, lançamentos de livro, exposições, uma semana está muito bom. Menos do que isso, só para reuniões, almoços e jantares em casa muito íntimos.

Respeitando essa tabelinha, está afastado o pesadelo de se ver no meio de salgadinhos, flores, bebidas, um bolo cheio de velinhas e dois gatos pingados cantando parabéns!

RSVP OU ARRISQUE-SE A SER BARRADO NO BAILE

Duas celebridadezinhas americanas, as gêmeas Olsen,[4] foram convidadas para um pequeno jantar que o conhecido fotógrafo de moda Mario Testino ofereceu em homenagem a umas amigas.[5] Só que as duas garotas não se deram ao trabalho de confirmar a presença como estava pedido no convite através da sigla RSVP, que, como todo mundo sabe, corresponde à "responda, por favor" (do francês *répondez s'il vous plaît*). Pois, acreditem ou não, elas foram barradas na porta do restaurante e não puderam entrar, mesmo tendo sido convidadas.

Formalismo demais? Pode ser. Mas o jantar era pequeno, o anfitrião tinha que saber quantas mesas reservar e quantos convidados iriam comer. Assim, só as pessoas que responderam ao pedido de confirmação tiveram seus lugares previstos e preparados.

No Brasil, se este procedimento fosse levado à risca, mais da metade das pessoas ficaria do lado de fora em qualquer recepção. Anfitriões brasileiros são tolerantes e não têm coragem de deixar um convidado na porta por falta de confirmação. Mas que presenças não confirmadas e, portanto, inesperadas atrapalham a vida de qualquer anfitrião, disso não tenham a menor dúvida.

Sejam civilizados e RSVP!

[4] As gêmeas Mary-Kate e Ashley Olsen, socialites americanas, convidadas para o jantar em 7/9/2006

[5] Margarita Missoni, as filhas da editora de moda Anna Wintour e a editora da Vogue francesa Carine Roitfeld.

COMO NÃO ACEITAR UM CONVITE

Quem não fica nervoso numa situação dessas: André é um jovem executivo de grande futuro na empresa e acaba de ser convidado para ir comer uma *paella*, preparada pelo próprio presidente para um grupo pequeno de amigos. Honra maior para o rapaz, impossível. Agonia maior também: ele não tinha tido tempo (e eu desconfio que nem coragem) de dizer ao chefe que é alérgico a frutos do mar.

Como sair dessa? Faltar ao jantar nem pensar, pois uma oportunidade como essa não se perde. Fingir que se serve e não comer também não ia dar, porque cozinheiros gostam de ser elogiados, e ficam vigiando os convidados para poder perguntar, loucos por um aplauso, se gostaram.

Só tinha, portanto, um jeito: mandar, dois dias antes do jantar, lindas flores para o presidente e a mulher agradecendo e aceitando o convite pelo prazer da companhia, já que, infelizmente, uma alergia fatal o impediria de comer a *paella*. Resolvido o assunto: o chefe teria tempo de preparar uma massinha ou uma bela salada para o alérgico; e o alérgico não ia perder o encontro. Muito menos parar no pronto-socorro por uma questão de etiqueta!

CHURRASCO

Passei alguns dias num SPA, um daqueles lugares maravilhosos onde tem de tudo, menos comida. Claro, a idéia é ir para emagrecer. O problema é que lá só se fala de uma coisa: comida. Especialmente de churrasco. Não sei por que, mas é com churrasco que se sonha. De fato, é uma delícia: homem adora fazer, criança adora comer, é uma ocasião ótima para juntar amigos e família. Mas, para que ele seja um sucesso, algumas coisinhas devem ser observadas:

1. Churrasco é um acontecimento informal. Grande parte da graça dele é estar à vontade, com roupas confortáveis para tomar as cervejas, as pinguinhas, ficar ao lado do fogo, curtir as brincadeiras. Não é, portanto, indicado para comemorações mais formais como casamentos, por exemplo.

2. Tem que ser bem organizado: é horrível ficar com o prato cheio de salada e farofa esperando uma carne que não assa nunca e, quando chega, é tarde porque a gente já comeu todos os acompanhamentos.

3. Para não acontecer outras coisas infernais de um churrasco – faltar ou sobrar carne –, calculem 300 g por pessoa adulta.

4. Salada verde é melhor que maionese, que pode azedar.

5. É bom providenciar legumes grelhados para os vegetarianos que caíram por engano no programa.

6. Muito gelo para as cervejas, caipirinhas e refrigerantes. Nada pior que bebida quente em churrasco.

7. Providenciem sobremesas leves para o final como frutas, sorvetes ou musses.

Churrasco pode não ser a festa mais formal do mundo, mas quando feito na hora certa, com as pessoas certas, é uma confraternização maravilhosa.

PATÊS

Ronaldo, um *gourmet* que adora patê, quer saber qual é a melhor maneira de servir e comer essa delícia.

Patês, em geral, estão associados às entradas e canapés. Ninguém pensa neles como prato principal. No entanto, podem muito bem ser servidos com queijos e vinhos, acompanhados de pães, uma boa salada verde – de rúcula, agrião e alface – para uma noitada informal com amigos. É aquele tipo de refeição que dura horas, com todos em volta da mesa, e que favorece conversas compridas, troca de histórias e "contação" de causos.

ETIQUETA NO BANCO DE RESERVA

Não tem jeito. Há horas em que a etiqueta vai para o banco de reserva. Copa do Mundo é uma delas. Nos aterrorizantes noventa minutos em que a Seleção Brasileira está em campo, alguns códigos podem ser esquecidos, e tudo o que for feito deve ser perdoado.

Nessa hora, chefe e chefiados podem beber juntos, falar besteira juntos e até mesmo se abraçar com lágrimas nos olhos depois de uma vitória ou – Deus me livre e guarde – uma derrota. Nessa hora, pode beijar um inimigo com quem não se fala há anos, dar tapas de alegria, ou de aflição, nos joelhos de pessoas desconhecidas que estão assistindo ao jogo do nosso lado, e até mesmo mandar a sogra parar de falar para não atrapalhar a concentração. Vale, inclusive, proibir o melhor amigo de vir à casa da gente na hora do jogo se desconfiar que ele não traz boa sorte ao time.

Um ser civilizado pode (quase) tudo durante a Copa.

ANIVERSÁRIO DE CRIANÇA OU JOGO DO BRASIL?

Walter está nervoso: a filha dele faz aniversário bem no domingo do jogo do Brasil com a Austrália. Os 4 aninhos da menina foram preparados com todo o cuidado: bufê, palhaços para animar, tudo planejado há muitos meses, quando nem se sabia ainda a tabela dos jogos da Copa. A mulher e ele estão na dúvida se colocam ou não uma televisão no salão, porque têm medo de que o jogo acabe com a festa.

Bom, meus caros, lamento dizer, mas a festa já dançou. Providenciem logo essa tevê, pois podem ter certeza de que muitos pais não vão levar criança alguma em festinha se tiverem que perder o jogo. No Brasil, Copa é assunto prioritário, e quem tentar ir contra a maré vai ficar sozinho num bufê infantil, no meio das bolas de gás, dos brigadeiros e de palhaços mal-humorados. Se liga, Walter!

FESTA NA EMPRESA COM CATEGORIA

Festas de empresas tanto podem ser ótimas ocasiões para uma confraternização como uma armadilha mortal, podendo até pôr em risco o emprego. Evitem alguns perigos clássicos e sobrevivam a essa empreitada com categoria:

1. Festa na empresa não é uma festa entre amigos ou familiares. Mantenham uma postura profissional.
2. Bebam pouco e bebam dois goles de água antes de cada copo de álcool. Não é uma boa idéia tomar um porre.
3. Nem pensem em se deixar emocionar pelo clima de confraternização ou por excesso de álcool e começar a fazer grandes declarações de amor, ou ter ataques de sinceridade e dizer para o chefe por que não gosta do jeito como ele conduz reuniões.
4. Quando tiver mais de um compromisso na mesma noite, entrem por uma porta, cumprimentem a todos os conhecidos, saiam quinze minutos depois, sem tocar em bebida ou comida, sob pena de chegarem podres na última festa.
5. Não falem de doenças, dificuldades financeiras ou depressão.
6. Não cantem a recepcionista, nem a filha do chefe.
7. Não apareçam com acompanhantes que não sejam da empresa, a não ser que isso tenha sido combinado antes.
8. Mulheres: não se vistam de forma vulgar ou provocante; evitem decotes, barrigas de fora, minissaias estonteantes. Amanhã vêm a ressaca, os comentários no café, e a pose não se sustenta.

SHOW DE FORMATURA

Acho que eu nunca tinha ido a uma festa tão brega na minha vida como a colação de grau de um sobrinho querido, que não vou identificar porque já basta a vergonha que ele passou naquela noite.

A turma dos formandos era constituída de quase quinhentos jovens que iriam receber seus canudos de advogado, naquela noite, acompanhados dos aplausos e das lágrimas de pelo menos cinco familiares cada um – o que anunciava uma noite interminável.

O problema foi a escolha de uma dessas empresas organizadoras de eventos que se aproveitam da falta de experiência da comissão de formatura e vendem uma cerimônia que mais parece a noite do "Oscar na Cochinchina", cheia de violinos, cantorias, discursos piegas e showzinhos de dança totalmente dispensáveis.

A mesa do palco era composta por dezesseis pessoas, entre professores, paraninfos e homenageados dos formandos e oradores das turmas, o que já fazia prever a apavorante mas inevitável perspectiva de pelo menos dez discursos. O início da cerimônia estava marcado para as oito da noite e, quando saí, exausta, às onze e meia, ainda não tinham sido entregues os diplomas. Avós e crianças dormiam na platéia; pais desesperados perambulavam no *hall* de entrada do teatro, estudantes se agitavam no palco, nervosos pela infindável cerimônia.

Pela quantidade de alunos, só os discursos imprescindíveis e a entrega dos diplomas já tomariam mais de duas horas. Para que então as intervenções de dança ruim e música chata entre cada discurso? Para poder cobrar mais de cada aluno, é óbvio.

Por isso, estudantes, abram o olho e não se deixem levar por empresas que, visando apenas aos ganhos, impingem cerimônias mirabolantes, cheias de atrações cafonas e descabidas. Façam uma cerimônia alegre, inesquecível, mas pertinente, curta e chic, que é o que se espera de cidadãos adultos.

>>**81**

DEFESA DE TESE

Juliana quer uma roupa chic e bem pensada para o dia da defesa de sua tese. Ela diz que preparou com tanto cuidado o seu trabalho escrito que não vê por que não levar esse mesmo cuidado para sua apresentação pessoal.

Tem toda a razão. Já assisti a várias defesas de tese e sei quanto esse dia é estressante para quem está lá, na berlinda, sendo bombardeado de perguntas por professores e gurus intelectuais. Por isso, lembre-se do seguinte: sua roupa deve ser de um tecido que esconda qualquer mancha de transpiração. Não se iluda: seus inquisidores vão fazer você suar de nervoso e, em geral, as salas lotadas de parentes e amigos são quentes e não têm ar condicionado. Escolha uma bata leve ou um top de malha bem fresca, que não grude no corpo, para usar com uma calça que não aperte; ou um vestido bonito, moderno, mas confortável. Use uma maquiagem muito leve, esteja com as unhas impecáveis, e confie no seu taco. Ninguém resiste a uma aparência agradável combinada com uma cabeça afiada e preparada.

2. CASAMENTO

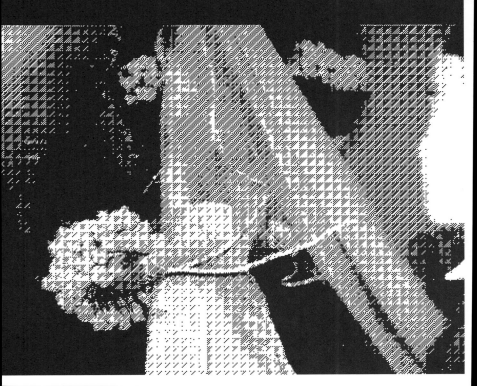

NOIVADO: QUE FESTA É ESSA?

Tenho recebido perguntas sobre festas de noivado. Noivas querem saber quais as diferenças e as semelhanças dessa festa com a de casamento. E os convidados não sabem se é uma festa formal e se devem ou não levar presentes.

Em primeiro lugar, vamos deixar claro que festa de noivado não é um ritual obrigatório e pede muito menos formalidade do que a de casamento. Dar uma festa para comemorar esse momento pode ser uma coisa simpática e uma ótima ocasião para chamar amigos íntimos e alguns parentes próximos para um jantar, e uma noite de boa música e muitas danças. Não é, porém, uma cerimônia mais séria como a de casamento, em que um compromisso importante é firmado, acompanhado de formalidades legais e religiosas. Noivado, por mais desejado e feliz que seja, e por mais firme que pareça ser, é ainda uma etapa da vida de solteiro e pode, por alguma razão inesperada, ser rompido por uma das partes ou pelos dois a qualquer momento. Festas muito solenes e grandiosas podem deixar os noivos em situação embaraçosa caso isso aconteça.

Quanto à duvida sobre dar ou não presentes aos noivos, a resposta é não. Guardem a lembrança para o chá-de-cozinha e para o casamento, o que já está muito bom.

Noivado é uma comemoração alegre, mas de um acontecimento que ainda está por vir. Deixem esse dia chegar para os presentes e as grandes festas.

CASAMENTO-BALADA

Até alguns anos atrás, casamentos eram festas familiares formais, em que os pais dos noivos convidavam seus amigos e conhecidos para assistir a união dos filhos. Hoje, o casamento virou pretexto para fazer uma balada: um festão que costuma durar a noite toda e só termina no café-da-manhã, servido com toda pompa. O vestido das noivas (assim como o das madrinhas e das convidadas) é decotado e sexy como um vestido de baile, e a figura mais importante da cerimônia não é o padre, mas o DJ.

Os pais e seus convidados, quase sempre, são apenas tolerados: ficam encolhidos num cantinho enquanto a noitada rola. Daqui a pouco, eles não serão nem admitidos! Vamos chegar a um acordo? Uma festa em que todos se sintam incluídos?

É muito justo os noivos festejarem com todos os seus amigos. Afinal, o casamento é deles. Mas é também uma festa dos pais, que tanto se esforçaram para criar adultos capazes, independentes e com vocação para a felicidade – como se supõe que sejam os filhos nesse dia tão especial.

>>85

ESPETÁCULO OU BALADA?

Vocês estão, assim como eu, com a sensação de que os casamentos andam meio exagerados? Antigamente, os ricos e os nobres se casavam para aumentar seu patrimônio ou estender sua área de poder. Eram verdadeiros pactos econômicos e políticos. Amor não entrava nesse capítulo de jeito nenhum. Por isso, as cerimônias eram festas suntuosas de caráter público para que os dois lados exibissem seu prestígio para seus pares e seus súditos.

Não se pode deixar de pensar neles ao ver as fotografias dos casamentos poderosos que acontecem por estes dias. Nas revistas de celebridades, páginas e páginas dos noivos com suas roupas assinadas (e o preço delas) ao lado de ilustres convidados: socialites, modelos, políticos e todos os milionários e suas mulheres devidamente etiquetadas com a marca e o preço das roupas que usam, sem falar na descrição detalhada do valor e safra das garrafas de vinho, do cachê dos artistas que animaram a festa, do custo do bufê, do bolo e até mesmo da quantia cobrada pelo salão de beleza contratado para o grande dia.

Embora atualmente a gente saiba que os noivos escolhem livremente seus pares e que o amor (ainda) faz parte dos casamentos, paira no ar uma sensação incômoda diante de tanto aparato.

Ainda prefiro os casamentos-balada, outra modalidade de cerimônia adotada nos últimos tempos. Pelo menos, são mais alegres e cheiram menos a transações comerciais.

Seja como for, deve estar dando certo, porque a turma não pára de se casar. As igrejas estão com agendas lotadas de casamentos, as lojas de presentes abarrotadas de listas. Que sejam felizes. Para sempre, por alguns anos, ou até mesmo por alguns poucos meses, como temos visto acontecer!

CASAR DE NOVO

Acredito que a maioria das pessoas se casa achando que vai ser para toda a vida. No entanto, não é sempre que a vida responde de acordo. Separações acontecem... E novos casamentos também! A procura pela felicidade ao lado de alguém parece que não se esgota com um insucesso, e muita gente tem coragem e entusiasmo de partir para uma segunda ou terceira tentativa.

Tudo bem. Mas a comemoração desse novo casamento tem que ser diferente da do primeiro. O ritual tem que refletir a passagem do tempo e a maturidade esperada dessa segunda união. A começar pelos convites para a cerimônia, que já não devem mais vir com o nome dos pais: os próprios noivos convidam para a festa. Não serão necessárias listas de presentes em lojas, nem precisa esperar presentes dos convidados. Principalmente daqueles que compareceram ao primeiro casamento.

Tudo tem que ser muito mais sóbrio e adulto.

Se houver festa, o noivo deve estar de terno e a noiva com um vestido apropriado: pode ser longo, pode ter decote, pode ser de uma cor clara ou forte. Tudo menos branco – não é mais hora de vestidos vaporosos e juvenis. Véu e grinalda podem ser substituídos por uma flor nos cabelos e pronto. Uma bela festa com música, boas bebidas, um lindo bolo e bem-casados vão marcar – e muito bem – essa cerimônia tão importante.

Boa sorte e muitas alegrias para esses noivos que acreditam na vida e na felicidade!

UMA CERIMÔNIA MUITO ANTIGA

Joana resolveu me dar uma bronca: diz que, ao contrário do que tenho dito em minhas crônicas, casamento não é uma cerimônia antiga, mas uma invenção do século XX.

Não é assim, Joana. A cerimônia de casamento existe, sim, desde o começo dos tempos, e povos de todas as partes do mundo sempre celebraram essa passagem da vida numa infinidade de ritos. Há relatos de lindos cerimoniais na Antigüidade: em Roma já havia o cortejo, com a noiva entrando nos templos, acompanhada por pajens; e na Grécia havia o banquete na casa do pai, com a noiva assistindo a tudo coberta por um véu.

No final do século XI, na Europa, o casamento arranjado começa a ser substituído pelo casamento por vontade própria, e a Igreja Católica institui, no século XVI, que a união seja pública, com consentimento mútuo – celebrada por padre na presença de duas testemunhas.

Festas, celebrações, ritos fazem parte também da cerimônia de inúmeras outras tradições religiosas no Ocidente e no Oriente. O século XX apenas prosseguiu com essa longa história.

Não, cara leitora, casamento não é uma invenção recente. O povo adora se amarrar desde o começo dos tempos e, pelo que vemos, vão continuar a fazê-lo até o final do mundo!

A LISTA DE CASAMENTO MODERNA

Toda semana recebo e-mails de noivos dizendo que vão se casar e que preferem dinheiro no lugar de presentes para o lar. O problema é: como fazer esse pedido de uma forma elegante? Invariavelmente digo que não há modo elegante de se pedir dinheiro. Mas são tantos os casos na mesma situação que a etiqueta moderna vai ter que dar uma resposta satisfatória para eles.

Tenho quebrado a cabeça para ver se acho uma saída. Que tal, por exemplo, mudar o conceito das listas de casamento? Por que não se começa a sugerir outros tipos de lojas em vez de deixá-las sempre numa loja de presentes para a casa? Por que não colocar junto ao convite um bilhete dizendo que os noivos já têm casa montada, mas que adoram música, livros, viagens e obras de arte e que sugerem tal livraria, tal agência de viagens e tal galeria de arte para quem tiver a gentileza de querer dar um presente a eles?

Dessa maneira, o convidado tem escolhas; pode dar uma coisa mais a seu gosto – até mesmo uma relíquia de família de valor afetivo –, e não fica constrangido em dar um cheque como se estivesse fazendo uma transação comercial. Já os noivos não precisam mais amargar o segundo liquidificador.

Listas múltiplas podem inaugurar um novo jeito de presentear os noivos do século XXI que se casam, querem casa, mas querem outras coisas também!

CASAMENTO COM INGRESSO PAGO

Posso até admitir que, em breve, teremos de incorporar uma nova prática para as listas de casamento, tantas são as solicitações de noivos que já têm casa montada e preferem substituir os presentes tradicionais por cheques. Mas não precisam exagerar.

O pedido de hoje vai mais longe. A folgada da noiva fez complicadíssimos cálculos estatísticos e de porcentagem para saber quantas pessoas ela convidaria para o seu casamento, e quantos poderiam não ir, para chegar ao número ideal do valor do cheque que ela espera de cada convidado para ter sua lua-de-mel financiada. Estipulou um valor para cada convidado e, agora, ainda quer saber se coloca no convite só o número da conta para depósito ou se precisa de mais dados.

Pelo jeito, não passa pela cabeça dela que o problema não são os dados, mas o pedido em si. Se eu recebesse um convite desses, não só não mandaria o dinheiro como não iria ao casamento, ou melhor, a esse evento comercial de caráter turístico!

Olha aqui, ô noivinha prática: nem pense em colocar o "preço" da entrada do seu casamento no convite impresso. Pode ser que um dia isso se torne normal. Já sugeri até mesmo a idéia de listas múltiplas para dar uma resposta satisfatória a essas novas necessidades. (*ver p.90*). Mas a sua proposta é grosseira e constrangedora. Presentes são dádivas espontâneas, não obrigatórias. Ninguém pode obrigar ninguém a dar um presente, ora essa! Muito menos com valor estipulado.

O TERCEIRO

Um amigo me liga hesitante: vai ao terceiro casamento de um primo e quer saber se é obrigado a dar, de novo, um presente. Ele foi o padrinho do primeiro casamento, e deu uma geladeira para os noivos. No segundo, um porta-retratos de prata. E agora está achando que sua cota de presentes para esse animado nubente já está mais do que quitada.

De fato, obrigação você não tem nenhuma. Tudo vai depender da sua relação com o novo casal. Se forem muito próximos, uma lembrancinha vai bem. Não há a menor necessidade de dar um presente caro ou utilitário porque, em geral, no segundo ou terceiro casamento as pessoas já têm suas casas montadas. O presente, neste caso, seria só para fazer um agrado e dar um apoio afetivo. E isso, você sabe, nunca é demais.

Quer uma sugestão? Vá, de novo, no porta-retratos. Nova família, novas fotos!

CRIANÇA NÃO ENTRA!

O Moacir vai se casar e está encanado com um assunto: não quer crianças na sua festa de casamento e pergunta se deve colocar essa determinação no convite.

Moacir, essa eu nunca tinha ouvido! Como assim não quer criança? Normalmente, crianças pequenas não são levadas em casamentos noturnos, mas se por acaso algum amigo ou parente tiver que levar por não ter onde deixá-las, também não vai ser nenhum drama. Qual é o problema? Casamento é uma festa familiar, por mais que ultimamente costume acabar em balada. Seria no mínimo malcriado colocar no convite que crianças não serão bem-vindas.

É claro que os seus amigos próximos já devem saber que você não morre de amores por bebês e, por isso, nem pensam em aparecer na sua festa com um deles. Quanto aos demais convidados, relações mais distantes, se levarem seus pequenos, com certeza vão cuidar para que se comportem.

Larga de birra, Moacir. Vê lá se o dia do seu casamento é hora para implicar com uma coisa dessas! E olhe: reze para que sua futura mulher não esteja pensando em encher a casa de vários Moacirzinhos.

OS DOIS PAIS DA NOIVA

Novos tempos, novos códigos. Desta vez é a mãe, dona Ieda, que tem dúvidas sobre a maneira como a filha deve entrar no altar no dia do casamento. Pelo braço do pai biológico? Ou do pai adotivo – seu segundo marido –, que criou a menina desde os 7 anos de idade?

A proposta de solução que elas próprias – mãe e filha – haviam pensado é a seguinte: a noiva entraria na igreja de braços com o pai biológico até o primeiro banco; neste ponto, seria entregue ao padrasto que a levaria até o altar.

Achei linda a idéia. Não é um arranjo que se ache nos livros de etiqueta, mas é uma solução afetiva que faz todo o sentido.

As novas famílias, constituídas de pais separados e de outros casamentos que fazem surgir mais irmãos e parentes, exigem flexibilidade e uma nova edição das regras de etiqueta, pois não há ainda jurisprudência formada sobre esses comportamentos. Até porque são tantas as novas composições familiares que não houve tempo hábil para classificá-las e organizá-las. Vamos deixar que as novas regras se formem ditadas pelo afeto e pelo bom senso. Essa é a etiqueta que interessa (e que funciona), pois leva em conta o bem-estar, as verdadeiras emoções e a multiplicidade de opções que a vida moderna apresenta.

INDICAÇÃO DE TRAJE

Vivo dizendo que a idéia de especificar o traje nos convites é para facilitar a vida das pessoas. Então, surge uma noiva, a Micheline, querendo colocar no seu convite de casamento para o religioso a indicação de "traje social", para deixar claro aos convidados que quer vê-los elegantemente vestidos no dia da cerimônia.

Segundo ela, a família do noivo não é lá muito versada em acontecimentos sociais. E seria uma maneira de garantir que todos brilhassem em pé de igualdade na sua festa.

Bem, minha querida Micheline, o caso é que não se usa colocar indicação de traje em convites de casamento. Subentende-se, na maioria das vezes, que as pessoas caprichem nesse dia. Mas um casamento é uma festa que reúne famílias diferentes, amigos de ambos os lados, jovens, velhos, crianças. Como pretender uma completa unidade?

Acho que está na hora de você admitir as diferenças e aceitá-las com naturalidade, pois está se casando com alguém que vai entrar na sua vida com novos hábitos e novos comportamentos. É bom ir se acostumando com essa variedade desde o dia do casamento. Deixe que essa festa seja enriquecida por muitos estilos.

Nada mais civilizado do que saber conviver com diferenças.

CASAR SEM TERNO

A situação é a seguinte: Aline vai se casar no civil com o pai de sua filha de 7 anos, com quem já vive há dez anos. A cerimônia será num jantar para amigos e parentes. Só que o "noivo-marido" insiste em não vestir terno, sob a alegação de que trabalha de gravata o tempo todo e, no dia de sua maior festa, quer estar como prefere – de roupa esportiva. O que eu faço? – pergunta Aline.

Não faz nada, ora! Você mora com esse homem há dez anos; já deve estar cansada de saber dos seus gostos e de suas manias. Vai me dizer que não imaginava que ele ia pedir uma trégua dessas num dia de alegria e alto astral? Depois, que importância tem ele estar ou não de terno e gravata numa comemoração íntima como essa? Rituais existem e é bom que sejam observados: são eles que regulam a coreografia social, ou seja, organizam o mundo civilizado. Mas tudo tem hora e razão de ser. Exigir um comportamento formal sem motivo não faz nenhum sentido. Vocês estão se casando porque querem dar um reforço oficial a uma união que vinha acontecendo muito direitinho de um jeito informal, não é isso? Pois a festa deve refletir essa mistura de formalidade e informalidade que vocês estão vivendo: um pouco de cartório e um pouco de roupa esportiva. Deu certo até agora. Por que mudar?

A NOIVA VEIO DE PINK

Pelo tom da correspondência, a noiva está decidida. Escreve apenas para me comunicar que pretende se casar na igreja, mas que seu vestido vai ser... pink.

Imagino que se ela estivesse tão segura da sua escolha não me mandaria recado nenhum, visto que nem a conheço. A verdade é que ela quer testar a idéia do tal vestido pink comigo, já que a própria mãe é contra. Em outras palavras: noiva pode usar vestido colorido ou só vale o branco?

Casamento na igreja é um ritual muito antigo e tem na noiva de branco, nas testemunhas e na reunião da família, abençoando a união do casal, a sua realização máxima. A entrada na igreja de uma noiva vestida como se espera provoca sempre uma emoção delicada e sincera nos convidados, preparados para esse ritual. E rituais são cerimônias que se repetem.

Quando alguém quebra essa seqüência, arrisca cortar aquela emoção que está no ar, e provocar até mesmo reações de rejeição. É o preço da ruptura.

Por isso, não há nada que impeça um vestido pink na cerimônia de casamento. Tudo pode, desde que se saiba o que está fazendo e aceite, na boa, as conseqüências dessas escolhas. Felicidades.

LONGO EM CASAMENTO

Volta e meia só se fala de casamentos famosos, seja do príncipe do futebol, do príncipe da Inglaterra, de grã-finos e de apresentadores de televisão. Por isso é bom começar esclarecendo um ponto que dá muita confusão e que propicia foras monumentais: como é o vestido longo para essa ocasião?

Vestido longo para ir a um casamento não é um vestido igual ao que se vai a um baile: ou seja, não deve ser muito decotado (em geral, a cerimônia é religiosa), não deve ter cauda, não deve ter muita roda, nem nada que ofusque o brilho da noiva. E se tiverem um desses vestidos como única opção no armário, pelo menos usem com um xale para disfarçar os excessos. O que não pode é dar a impressão de que quer competir com a noiva. Deixem o branco para ela. É o dia dela. Ela é quem deve reinar.

Saber a hora de aparecer ou deixar alguém aparecer é o que pode haver de mais chic.

ROUPA DE MADRINHA

Passa o tempo e o maior problema das famílias envolvidas num casamento continua a ser a roupa das madrinhas, da mãe e das irmãs: longos ou curtos? É obrigatório o uso de chapéu? Que cores ficam bem?

A verdade é que não existem regras nem nada é obrigatório – tudo deve ser resolvido de comum acordo entre a noiva e a turma do altar. Vale o que for combinado entre elas: se preferem vestidos longos ou curtos e se querem ou não estar de chapéu. Quanto às cores, tirando o preto e o branco, todas são permitidas. As fortes, como os vermelhos, os verde-esmeralda; ou as cores claras, como os verde-água, os rosados... Questão de gosto, unicamente.

A dúvida que se repete é: pode ou não pode ir de preto no altar?

Não é o que se espera. Para os ocidentais, desde a Antigüidade, o preto era uma cor ligada ao luto e, portanto, às lembranças tristes que não deveriam estar presentes num momento alegre e cheio de esperança de vida como um casamento. Por isso, as testemunhas nunca usavam preto.

Quem se casa no novo milênio está revivendo esse antigo ritual e seguindo suas tradições. Essa é a razão histórica da interdição do preto no altar.

BOTAS NO ALTAR

Mariana vai ser madrinha de um casamento noturno e quer saber se pode ir de botas. O vestido dela é bem acima dos joelhos, de musselina estampada com flores multicoloridas; e a vendedora da loja disse que a roupa ficaria linda e moderna se fosse usada com meias pretas e botas longas. Que tal a idéia, me pergunta ela?

A idéia é boa, mas... não se aplica a um casamento.

Casamento é uma festa quase sempre religiosa, cheia de símbolos, com características diferentes de uma festa de aniversário ou de formatura. A começar da roupa da noiva. Se ela se veste daquela maneira única, está dando o recado de que se trata de um acontecimento com ritual próprio.

Botas vão muito bem numa balada qualquer. Desça um pouco a barra do seu vestido, Mariana. Coloque um belo sapato preto ou colorido num dos tons da estampa, e deixe as transparências, o decote e a bota para a festa do seu aniversário!

O NOIVO VEIO DE BRANCO

Adriane quer saber se o terno do seu futuro marido deve combinar com as flores do buquê, com os tons das toalhas da recepção, ou se deve ser branco (ou bem clarinho) para ficar de acordo com o vestido dela.

Meu impulso foi o de ligar para o noivo e dizer que ainda estava em tempo de ele desistir, se mandar e arranjar outra noiva. Uma que não o visse como um acessório de festa, e muito provavelmente também como um acessório na sua vida!

Noivos não devem se fantasiar no dia de seu casamento: nada de roupinha de soldadinho de chumbo, ternos brancos de primeira comunhão, túnicas indianas. O dia do casamento é o momento em que um homem assume, perante a sociedade, seu compromisso com a masculinidade e com a vida adulta. Não é, portanto, hora para brincadeiras, roupinhas infantis ou bobagens fora de propósito. Se não, quem vai levar o casamento dele a sério? Ninguém. Nem a noiva.

Noivos, não comecem mal essa história que já não é fácil! Respeito e adequação são indispensáveis para um casamento dar certo. Festa de casamento não é baile de carnaval.

CHAMPANHE OU PROSECCO?

Qual a melhor opção para uma festa de casamento, num sítio, sem gastar tanto? Que bebida oferecer, já que *prosecco* e champanhe são um pouco caros? – pergunta Marta. Ofereça refrigerantes, sucos de fruta e cerveja, ora. O importante é que a festa seja gostosa e alegre. Ninguém é obrigado a gastar mais do que pode. Ah! Outra opção bonita e nada cara é ponche: ou seja, pedaços de frutas, o suco delas, muito gelo e um pouco de vinho tinto ou branco misturado. Fica ótimo. Sirva em jarras ou num grande aquário de vidro.

NO SÍTIO

Gente, pelo que estou vendo, vai dar congestionamento nas estradas. Tanta gente se casando em sítio! Os motivos? Sítios costumam estar em lugares bonitos, com casas espaçosas onde cabe muita gente; e tiram os noivos da rotina, o que torna o dia, para eles, ainda mais especial. Fora o fato que, por serem muitas vezes de alguém da família ou de amigos, evitam o custo (nada barato) de se pagar um bufê. As dúvidas surgem quanto às roupas a serem usadas:

1. O noivo e os padrinhos podem ir de terno preto se a cerimônia for ao final da tarde?
Preto é muito urbano e fashion demais para um casamento em sítio. Melhor cinza chumbo ou marinho.
2. As madrinhas e convidadas devem usar chapéu?
Não é obrigatório, mas é a hora certa para quem gostar da idéia. Chapéu num sítio, durante o dia, para proteger do sol e do vento é muito adequado. À noite, perde o sentido.
3. Ainda se usa fraque para o noivo?
Embora o fraque tenha sido inventado para os fidalgos ingleses andarem a cavalo, no Brasil é um traje para ocasiões mais solenes, o que não é o caso de casamentos em sítios.
4. O casamento é de manhã. O que devo vestir? E meu marido?
Vestido curto, ou saia e paletó, e até mesmo terninho

ficam bem. Os tons mais apropriados são os de cor clara; os tecidos não devem ter brilhos nem bordados sofisticados; maquiagem leve. Afinal, os convidados estão sob a luz mais forte do dia. Para o seu marido, terno claro; ou, se o casamento for mais informal, calça e blazer sem gravata, ou até mesmo sem paletó. Só não vale jeans, camisa de malha ou bermuda!

5. Salto alto não vai enterrar na grama?

Vai. Se você não gostar, ou não ficar bem de sapatos baixos, escolha um com salto de madeira para disfarçar a cor da terra e facilitar a limpeza depois.

6. Convidada pode ir de preto?

Preto é meio pesado para um casamento à luz do sol. Vá de claro, vá de estampado – é muito mais adequado.

NA PRAIA

Acabo de folhear uma revista com as fotos de um casamento entre famosos – a modelo internacional e o ator de novelas. A festa foi na praia, uma espécie de *luau* no meio de tendas, velas e fogos de artifício. Todos os convidados estavam vestidos de branco, incluindo padrinhos e madrinhas – o que deixou muita gente desorientada. Ué, mas não é só a noiva que vai de branco?

Nos casamentos convencionais, sim. Não me esqueço da fúria de uma normalmente suave criatura ao detectar uma convidada de branco na festa do seu casamento. Ela se sentiu agredida e provocada pela outra: branco, no dia do casamento, só a noiva. É ela quem deve brilhar e se destacar dentre as outras.

Mas convenhamos, o casamento dos famosos está longe de ser uma cerimônia convencional. A começar do vestido branco e de cauda – sim – mas completamente míni na frente e que a noiva usou descalça e com uma guirlanda de flores nos cabelos. Um look perfeito para a praia, que jamais entraria numa igreja normal, e que só uma bela modelo poderia usar sem ficar vulgar ou descabido.

Foi idéia dos noivos que todos os convidados viessem de branco, do mesmo modo que, num casamento convencional, a noiva é quem decide se quer as madrinhas de vestidos longos ou curtos, com ou sem chapéu; qual a decoração da igreja, a cor das flores do buquê.

Para cada tipo de cerimônia, um código diferente e apropriado. Questão de escolha, de identidade e de objetivo.

III. QUESTÕES DE FINO TRATO

FALHAS DE MEMÓRIA

O que fazer quando se é abraçado e cumprimentado por alguém que a gente não lembra o nome? Naquela hora em que a memória desaparece e deixa a gente no pior abandono?

O jeito, para não desapontar a pessoa que está tão alegre em nos encontrar, é apelar para alguma interjeição simpática (e para que existem "meu querido" e "minha querida"?) e fazer algumas perguntas investigativas do tipo "Quando foi a última vez em que estivemos juntos?", para ver se alguma luz surge, e a gente acabe lembrando da pessoa.

Caso nada disso resolva, joguem a toalha. Digam com muitos sorrisos que a memória é um desastre, que o Alzheimer fez uma aparição relâmpago, mas que não estão conseguindo lembrar o nome. Todo mundo vai entender – difícil achar quem ainda não tenha passado por esse aperto.

FOI PLÁSTICA?

Já deve ter acontecido com vocês: chegar perto de uma pessoa e achá-la tãaaaao bem que, sem querer, deixam escapar: "Nossa, como você está ótima! Foi plástica?" Pronto. O desastre foi cometido. A pessoa fica horas tentando explicar porque está bem; e quem pergunta, com raiva por não ter se limitado a dizer que ela estava linda e ponto final.

Eu considero plástica um assunto íntimo. É igual a ir a qualquer médico ou dentista – ninguém pergunta a um conhecido se ele foi ao urologista ou ao ginecologista naquele dia. Então por que há de perguntar sobre o cirurgião plástico?

Hoje em dia, graças a Deus, temos na cirurgia plástica (ou em tratamentos não tão invasivos) recursos fantásticos para manter uma aparência mais jovem e mais leve, como nos sentimos por dentro. Tirando casos exagerados em que, de um dia para o outro, mulheres magrinhas aparecem com um "peitão", esticadas como um tambor ou com um bocão tipo Cicarelli,[6] ou algum homem que erra na dose e chega com os olhos arregalados, plásticas bem feitas são armas maravilhosas que podem ou não ser reveladas. Ninguém precisa dizer se fez ou não fez; e não é nada chic perguntar.

---

6 Refere-se à boca da modelo e apresentadora de programas de tevê Daniella Cicarelli.

SENHOR OU VOCÊ?

Uma pessoa mais velha deve sempre ser tratada por senhor (ou senhora) ou pode ser chamada de você? – pergunta Tiago.

Boa pergunta. A verdade é que há casos e casos. Hoje em dia as pessoas têm tamanho horror de ser consideradas velhas, que um tratamento mais cerimonioso pode ser até ofensivo. Há quem, até hoje, chame os pais de *senhor* – como sinal de respeito –, hábito que caiu em desuso nos grandes centros urbanos, mas que ainda funciona em alguns lugares. Vivemos num mundo muito mais informal do que foi até metade do século passado. O mais garantido é dirigir-se às pessoas mais velhas por *senhor* ou *senhora*, e mudar o tratamento se elas pedirem e disserem que preferem ser chamadas de *você*. Para não errar, é só prestar atenção em como elas são tratadas pelas pessoas em volta. É uma boa maneira de agir, principalmente nas relações de trabalho.

Em geral, pessoas mais modernas e atualizadas gostam de ser chamadas de *você*. Em todo caso, o melhor é deixar que elas mesmas sinalizem suas preferências para não parecer que se está avançando o sinal e buscando uma intimidade equivocada.

ETIQUETA DO BEIJO

Hora de cumprimentar o dono da empresa onde a gente vai trabalhar: beija ou não beija? O advogado que foi chamado para uma consulta acaba de entrar na sala: beija ou não beija? Encontro com a secretária e o marido dela na porta do cinema: beija os dois, beija só ela ou não beija ninguém?

Até algum tempo atrás só se beijava parentes ou amigos íntimos. Aos poucos, o hábito foi se difundindo, e agora parece que todo mundo beija todo mundo. Países como o Brasil, a França, a Rússia e todos os do Oriente Médio são conhecidos por serem beijoqueiros. Já outros como os Estados Unidos e a Inglaterra só recentemente estão dando seus primeiros estalos em bochechas desconhecidas.

Há uma etiqueta para o beijo?

Não chega a tanto, mas algumas coisinhas devem ser levadas em consideração. É sempre o superior hierárquico quem dá o sinal: se vocês forem apresentados para o Presidente da República, por exemplo, é ele quem vai sinalizar se beija ou não, entenderam? No caso de duas pessoas da mesma idade e situação profissional, é a mulher que mostra se está a fim de cumprimentar com beijo ou se quer ficar só no aperto de mãos.

Se o caso for com estrangeiros, prestem atenção, porque nós costumamos beijar primeiro no lado direito do rosto e, depois, no esquerdo, mas há lugares, como a Itália, em que se começa pelo esquerdo, o que pode ocasionar narigadas para lá de constrangedoras. Se for uma chinesa, não se assuste se ela receber o beijo público com – acredite ou não – sinais de repulsa.

O mundo globalizado e menos formal acabou aceitando o beijo como um cumprimento normal. Mas, como tudo na vida, tem lá seu ritualzinho...

BEIJO GRIPADO

A Cida pergunta como deve se comportar uma pessoa com gripe na hora de cumprimentar alguém. Beija? Estende a mão? Faz o quê?

Não faz nada. E, principalmente, não beija. Beijo gripado nunca é bem recebido. Melhor dizer que está doente e não chegar muito perto de ninguém. Não precisa nem dar a mão. No fundo, todo mundo quer distância de um vírus. Outra coisa que gripados não devem se esquecer é de lavar as mãos cada vez que assoarem o nariz e, nunca, mas nunca mesmo fungar na frente dos outros...

CASAL NÃO-CASADO

Um "casal não-casado" (sem papel passado) que opta por morar em casas separadas, que passa o final de semana junto, viaja junto, compra imóvel junto como investimento deixa muita gente aflita e sem saber como nomeá-lo ou apresentá-lo.

Pois então vamos simplificar as coisas: se os dois escolheram, em comum acordo, não se casar e manter a individualidade, não há por que tratá-los de senhor e senhora, e muito menos apresentá-los como marido e mulher. Na hora de uma apresentação, diga apenas o nome completo dos dois: "Vocês conhecem a Lucia Bastos e o Rui Souza?" Pronto, não precisa explicar mais nada. E se o caso for o de mandar um convite para uma das casas dessa dupla, pode enviar um só convite com os dois nomes no envelope, em vez de "Sr. e Sra. Rui Souza".

Novas composições do mundo civilizado. Adaptem-se.

LULA OU LUIZ INÁCIO?

O João Gilberto, ou melhor, o Beto está com uma dúvida que o próprio Presidente da República também teve: coloca no cartão de visitas o nome inteiro, João Gilberto Tavares (que ninguém sabe quem é) ou Beto Tavares (que todo mundo conhece)?

No caso do presidente, a inclusão de Lula entre o Luiz Inácio e o da Silva foi imprescindível porque era como os brasileiros o conheciam – ele, então, incluiu o apelido para não se arriscar a perder um só precioso voto.

Já o seu caso, Beto, é um pouco diferente: a inserção do apelido vai tornar o seu cartão de visitas menos formal, portanto, mais íntimo. Se você só pretende distribuí-lo entre amigos e colegas de trabalho, tudo bem, use Beto Tavares. Agora, se você pensou em usar esse cartão para contatos mais formais – com bancos e primeiros contatos com empresas – saiba que um cartão com o seu apelido entre parênteses, logo abaixo do seu nome por extenso, fica mais de acordo.

COMO COMEÇAR UM E-MAIL

Minha amiga Duda conta que era só ouvir a mãe chamá-la por Eduarda para saber que a situação estava feia para o seu lado. Na correspondência moderna via e-mail, essas nuances na maneira de tratar uma pessoa também têm um peso significativo: tanto no plano pessoal quanto profissional. Quando nos dirigimos aos amigos íntimos, podemos começar com *oi, amor, querido*, apelidos em geral e, depois, terminar com *beijos* ou *bjs*.

Quando a correspondência é para o escritório de alguém, a coisa já pede um pouco de moderação porque o e-mail pode muito bem ser lido acidentalmente por outras pessoas: é a hora dos *querido fulano* ou apenas o nome da pessoa. Usar *caro* e *prezado* é simpático para tratar com quem não se tem muita intimidade e, neste caso, encerrem o texto mandando abraços, com seu nome, cargo e telefones para contato.

Façam uma verificação para não cometer erros ortográficos e gramaticais e, sobretudo, evitem abreviações e gírias.

No campo profissional, o andar da correspondência é um importante termômetro dos vínculos. Por isso, prestem atenção no tratamento: se começou com *prezado* e, depois, foi para o *querido*, quer dizer que o negócio vai bem. Mas se depois de alguns *prezados* o tratamento mudou para apenas o nome e, depois, sem nome nenhum e sem um mísero *abraço* no final, podem saber que o negócio foi por água abaixo.

O e-mail é uma maneira moderna e inteligente de se relacionar. É rápido, pessoal, mas com a vantagem de estabelecer entre os interlocutores uma fina barreira de distância, às vezes tão desejável, que a comunicação por telefone, por exemplo, não tem. É um modo civilizadíssimo de se corresponder.

CORRESPONDÊNCIA ELETRÔNICA

A gente pode se queixar de um monte de coisas da vida moderna, mas que a comunicação se tornou mil vezes mais fácil, não há a menor dúvida. Temos, além do telefone normal, celulares, fax e internet para ajudar a conexão instantânea com o mundo todo. Mas para que essa comunicação se dê sem ruídos, vale lembrar:

1. Nunca deixem só o nome na secretária eletrônica – mas nome e sobrenome, sempre. Eu recebo muitas ligações por dia e conheço pelo menos oito Danielas. Como saber qual delas me chamou sem saber o sobrenome?

2. Não liguem para ninguém que não seja completamente íntimo após as 22 horas ou antes das 9 da manhã. E nos finais de semana, deixem a pessoa dormir até um pouco mais tarde...

3. Respondam a todos os e-mails na hora; nem que seja só para a pessoa saber que o assunto dela já entrou na agenda de vocês.

4. E uma última dica para o velho e bom telefone: ao receberem a ligação para uma pessoa que não está, basta dizer que ela saiu e tomar o recado direitinho. Nada de entregar a agenda da pessoa e dizer para onde ela foi, com quem saiu, se dormiu em casa ou não.

PRAZER EM CONHECER

Antonio estava uma fera: "Você quer dizer que aquela mulher que estava sentada ao meu lado no almoço era a Fulana de Tal, minha 'ídola', e ninguém me avisou? Por que é que hoje em dia não se apresenta direito as pessoas? Eu sempre sonhei em me encontrar com ela e, no dia em que isso acontece, não fico sabendo porque ninguém disse o nome dela completo?"

Entenderam a situação, não é? Tínhamos ido a um almoço na casa de amigos e, ao chegarmos, ninguém nos apresentou aos que lá estavam. Ficamos num ótimo papo durante toda a tarde sem que soubéssemos quem eram exatamente os convidados. Talvez a dona da casa supusesse que todos ali deveriam se conhecer – o que não era o caso; ou acredita que todo famoso é reconhecível. Tanto não é, que meu amigo, coitado, passou horas na companhia da sua poetisa preferida, na mais pura ignorância.

A informalidade leva, às vezes, a essas lacunas. Já me vi tentando localizar por meio de perguntas sutis a identidade da pessoa com quem eu estava conversando, porque ninguém tinha se dado ao trabalho de me apresentar. Fora o fato de que a situação costuma induzir a gafes sem graça, como perguntar pelo marido da dona da casa e descobrir que está falando com ele há horas.

Apresentações facilitam o trânsito social e a vida da gente.

BOM DIA, CACHORRO!

As famílias modernas são pequenas e – embora vivam na mesma casa – mal se encontram, tal a correria da vida atual. Pais e filhos raramente conseguem se reunir para alguma refeição e dispõem de pouco tempo para estar juntos. Quem, no entanto, está sempre disponível para fazer festa cada vez que alguém da família mexe na chave da porta? O cachorro, naturalmente. Por isso ele é tão importante para seus donos, tendo adquirido status de gente na vida deles.

Experimentem chegar à casa de algum amigo dono de cão e não dizer bom-dia para o bicho! Ambos vão morrer de ofendidos até vocês se darem conta da gafe e fazer um aceno qualquer na direção do animal – que só então vai deixar de ser hostil e se retirar para o seu canto. Estou exagerando? Nada disso. Ele tomou na casa o lugar que as crianças tinham no quesito companhia, alegria e afeto; muito justo que exija, ao menos, ser cumprimentado, e de preferência pelo nome. Ele é o verdadeiro dono da casa: mimado e cheio de vontades. Bem ou mal a família inventa um tempinho para levar o cão para passear, para visitar o veterinário, para colocá-lo no colo enquanto trabalha no computador ou assiste à televisão. Vê lá se os membros da família têm essa disponibilidade uns para com os outros.

Por isso, atenção: ao ir à casa de um amigo, descubram se ele tem um cão e tratem-no tão bem como a qualquer outro membro da família. Todos vão apreciar a atenção. Cães urbanos são muito exigentes.

EM BOM PORTUGUÊS

Outro dia um ouvinte me deu um puxão de orelha. E o pior é que ele tinha toda razão. O motivo? Eu disse num de meus comentários para a rádio que havia comprado *duzentas* gramas de frios. *Duzentas* gramas (entenderam?), quando o correto, seria *duzentos* gramas. Saiu sem pensar, mas saiu errado. Grama, no feminino, refere-se à planta, aquela que cobre nossos campos de futebol. Para a unidade de medida de peso devemos usar o masculino: o grama, que vem de quilograma.

Agradeço pelo toque de professor Pasquale.[7] É mesmo ruim ouvir um português mal falado. Mas a dúvida é: engolimos em seco e agüentamos os "menas pessoas" os "para mim fazer" ou damos uma corrigida na hora?

Não acho que se deva sair por aí dando reguadas em todo mundo que tropeça no vernáculo, até porque, quem tentar, pode ficar louco – a não ser com filhos ou pessoas muito próximas e numa situação de intimidade para que não passem vergonha. Ou por hábito, ou por descuido, ou por falta de informação, nós brasileiros escorregamos mesmo na bela língua portuguesa. Não custa fazer um esforço no sentido de caprichar no falar. É bonito e muito civilizado.

---

7 Pasquale Cipro Neto, professor de português, tornou-se conhecido nacionalmente por tirar dúvidas de gramática em seus programas *Nossa Língua Portuguesa*, transmitido pela TV Cultura, e *Letra e Música*, pela Rádio Cultura AM.

IV. SITUAÇÕES EXPLOSIVAS!

BARRACO

Sábado de manhã, cabeleireiro cheio. De repente, uma voz começa a se alterar até chegar aos gritos. O silêncio geral em volta só aumenta o mal-estar entre as clientes que, sem querer, passam a participar daquela cena de mau gosto. Uma mulher enfurecida, aos berros, reclama que as atendentes haviam cometido um erro e marcado outra pessoa no seu horário. Ela até estava com a razão, só que os berros e a grosseria anularam a legitimidade da bronca, e deixaram em evidência apenas a sua falta de educação. Ou seja, barraco não ajuda em nada, só serve para invalidar uma causa, por mais justa que ela seja.

Sou inteiramente a favor de brigar por direitos: direito de ser atendida na hora marcada, de não ser passada para trás numa fila, de trocar uma mercadoria que não está a contento, e daí por diante. Sou uma cidadã que cumpre com seus deveres e que, portanto, merece ter seus direitos respeitados. Só que com e-du-ca-ção! Prepotência não leva a nada. Muito pelo contrário, irrita e trava soluções.

Perder o controle e soltar os cachorros pode dar um alívio na hora, mas normalmente traz conseqüências chatérrimas (quando não perigosas). Moradores de cidades grandes deveriam aprender na escola a manter a calma em situações cotidianas de alta-tensão. Acaba se dando melhor quem consegue responder às grosserias e atropelos com educação, boa vontade e algum humor.

O BÊBADO

Todo ano tem carnaval, verão, sol, muita alegria, muito suor e cerveja. E uma grande chance de amolações por causa de toda essa descontração. O negócio é exercitar a paciência e o bom senso, pois é quando entra em cena o alegre bêbado de festa. Apesar do enorme grau de tolerância que o carnaval proporciona, bêbado é chato do mesmo modo, e dá trabalho. É o terror dos amigos, garçons, dos seguranças, dos parentes e dos choferes de táxi. Como lidar com eles durante esses dias de muita liberdade?

1. Não adianta discutir com quem bebeu mais do que deve. Eles não raciocinam de forma lógica e ficam emocionais ou agressivos – podem chorar no seu colo, fazer declarações de amor ou sair no soco.

2. Se for um amigo ou alguém próximo, tentem oferecer uma bebida num outro lugar, quem sabe na casa dele, para deixá-lo em segurança.

3. Não permitam que ele dirija; se necessário, escondam as chaves do carro e enfiem o chumbado num táxi. Ele pode esbravejar, mas vai agradecer no dia seguinte.

4. Se for desconhecido, saiam de perto e não tentem tirar satisfações porque ele fez algum comentário besta ou desagradável. Fujam do barraco. Vai sobrar é para vocês.

5. Impossível evitar excessos de vez em quando. Mas ao sair de casa para a festa, tentem se cercar de um mínimo de segurança. Até nessas horas dá para agir com algum juízo antes que ele evapore no copo...

POR QUE DEIXAR BARATO

Pensem nesta situação: vocês estão com amigos numa festa e seu marido ou namorado chega um pouco mais tarde com uma gravata horrível. Vocês fazem piada ou ficam quietas? Ou, então, sua mãe se aproxima de seus colegas de faculdade e faz críticas sobre um filme que vocês sabem que eles amaram. Vocês a contradizem de imediato e desclassificam a opinião dela ou deixam que se expresse normalmente? Ou ainda: algum funcionário de seu escritório comete um erro diante de visitas. Vocês corrigem na hora ou ficam na sua e reclamam depois que todos se forem?

Aposto que em nenhum desses casos vocês se segurariam ou deixariam a coisa passar batida. Por que será que a gente não consegue deixar de manifestar a nossa opinião mesmo que isso crie situações ainda mais embaraçosas e constrangedoras? Por falta de segurança. A gente não suporta a idéia de que os outros possam achar que não temos bom gosto, que não sabemos das coisas ou que não somos bem informados.

Experimentem segurar a onda e depois, com calma e sem vexame, conversar em particular sobre o assunto com o marido, o funcionário ou com o parente. Humilhar alguém só para "não sair mal na foto" não é uma coisa civilizada. Reconheço que é preciso ser muito adulto e maduro para segurar a língua e não aprontar uma cena diante dos outros. Mas é tão mais chic...

ROUPA IGUAL NA FESTA

O que fazer quando a gente encontra alguém usando uma roupa igual a nossa numa festa ou numa ocasião especial? Ai, meu Deus! É uma das coisas mais chatas que pode acontecer num encontro social.

A existência do *prêt-à-porter* de luxo dá, de fato, ilusão de exclusividade. Ledo engano. Exclusividade hoje só se for roupa de alta-costura, roupa sob medida, roupa de brechó ou customizada. Caso contrário, arrisca-se a encontrar uma alma gêmea. Não há muito que fazer numa hora dessas a não ser fingir que está tudo bem e usar de todo bom humor que for capaz.

Se a desgraça acontecer, o jeito é chegar perto da outra vítima, abraçar, fazer com que todo mundo veja a dupla e deixar que os fotógrafos se divirtam com a coincidência. Assim, sobra o restante da noite para tentar esquecer o assunto.

De qualquer modo, relaxem. Isso tem acontecido cada vez mais com princesas, estrelas de cinema e gente do *jet-set* internacional. É nessas horas que a educação de uma pessoa é posta à prova. Quem se sair bem desta *mesma* saia-justa será sempre lembrado pela atitude.

BRAGUILHA ABERTA, VERDINHO NO DENTE

Sentado em volta de uma mesa, um grupo do qual eu fazia parte assistia a uma apresentação de campanha feita pelo presidente de uma grande empresa. A platéia era constituída de outros empresários, clientes e publicitários.

Ao meu lado, o diretor de marketing, o próximo palestrante. Ao se levantar para atender uma pessoa, pude ver que a braguilha dele estava aberta. Fiquei em choque. Eu não tinha a menor intimidade com o sujeito para dar um pulo e ir cochichar na orelha dele. Pensei: o que seria pior para ele? Não falar nada e deixá-lo passar vergonha diante de todo mundo ou falar e deixá-lo sem graça só comigo? Achei que ele preferiria a segunda hipótese e que seria uma grande maldade minha não tomar esta atitude. Assim que ele se sentou, expliquei baixinho o problema. Ele, claro, ficou passado, mas deu um jeito rápido na situação e, em seguida, levantou para fazer seu discurso.

No dia seguinte recebi flores com um bilhete bem-humorado e muito agradecido. Bem que eu mereci. Tinha tirado o sujeito de um constrangimento público sem tamanho. É isso mesmo que se tem que fazer ao ver um outro ser humano em situações embaraçosas, como ter uma salsinha presa no dente, um chiclete grudado na roupa, um cabelo desarrumado. Sou da opinião que, nesses casos, quem avisa amigo é.

COMPRANDO VIAGRA

Olhem só a historinha: Angélica vai à farmácia num final de tarde, faz suas compras e entra na fila do caixa. À sua frente, um homem de boné em quem ela nem presta atenção, pois seus olhos batem direto no medicamento que ele põe sobre o balcão: a caixinha com as famosas pílulas azuis de Viagra.[8] Neste momento, o homem vira o rosto e ela dá de cara com um superconhecido – dela e do marido. Pode ter situação mais besta do que esta? O cara fica roxo e começa a dizer um monte de bobagens do tipo: "Você não está pensando que é para mim, não é? O remédio é para um amigo!", ou nem sei mais o quê. Ela também ficou tão sem graça que nem ouviu direito o que ele disse. Só queria ir embora e pensar em como sair dessa, já que teria que encontrar com ele num compromisso dali a dois dias! O que fazer? – pergunta Angélica. Nada. Mas nada mesmo. Impossível não comentar com o seu marido, mas, além dele, por favor, não passe a coisa adiante. E, quando encontrá-lo, não fuja. Aja como se nem lembrasse mais do assunto. Não é isso que todo mundo gostaria que os outros fizessem caso os papéis estivessem invertidos?

[8] Nome do medicamento desenvolvido pelo laboratório Pfizer para tratar disfunção erétil (impotência masculina).

DESCULPAS ESFARRAPADAS

Nunca me esqueço: no dia do lançamento de um de meus livros, no Rio de Janeiro, uma conhecida deixa um recado no meu celular se desculpando por não poder comparecer; tinha chegado de viagem naquele dia, a mãe estava no hospital e ela, apesar de exausta, teria que passar a noite de vigília.

Terminada a noite de autógrafos, fui comemorar com meus editores. Ao chegar, quem encontro toda animada no bar do restaurante? Já adivinharam, não é? A exausta com a mãe doente! Acenei de longe, mas fiz questão de não me aproximar para não ter que ouvir outra série interminável de desculpas esfarrapadas.

Há duas palavras que muitas pessoas têm a maior dificuldade em dizer: uma é *não*, a outra é *desculpe*. Se a gente conseguisse, com simplicidade, pronunciá-las em vez de ficar inventando coisas complicadíssimas para substituí-las, quantas gafes evitaria. Desculpas esfarrapadas parecem a única maneira de sair de uma situação difícil sem ofender a outra parte. Mas são terrivelmente frágeis e podem nos colocar numa fria ainda maior. Como diz o humorista Millôr Fernandes, "nunca conte uma mentira que você não possa provar!" O melhor é dizer simplesmente: "Desculpe. Não vai ser possível". Ponto final. Limpo, chic e civilizado.

ESQUECIMENTOS IMPERDOÁVEIS

Horror dos horrores: esquecer o aniversário da mulher, a data do seu casamento, o dia do batizado do único sobrinho, o jantar feito em sua homenagem por um colega, a reunião de pais da escola do filho, a formatura do afilhado... e por aí vai. Quem já não passou por um pavor desses?

O pior é que qualquer uma dessas situações joga a gente numa paralisia asfixiante que impede de consertar a situação o mais rápido possível. A rigor, só há uma coisa a fazer: pedir desculpas com a maior sinceridade e esperar que a outra parte entenda e perdoe. Mais nada. E quanto mais rápido, melhor.

O problema é que o assunto é tão chato que a gente leva um tempo tentando esquecer que ele aconteceu. O tempo vai passando, e a situação começa a pesar, a tragicomédia vai se aprofundando, e a gente entra num túnel de situações ridículas e cômicas, ainda que apavorantes. Já vi pessoas de respeito se escondendo quando vêem a criatura com quem estão em falta; já vi atravessarem a rua às pressas para não cruzar com ela; já vi evitarem atender telefonemas; ou até disfarçarem a voz para fingir que não são elas quando ouvem o algoz do outro lado da linha. Sim, porque, a essa altura, a vítima do seu esquecimento passa a ser seu algoz, um perseguidor implacável.

Só há um jeito de se livrar do tormento: pegar o touro à unha e enfrentar a situação. Ligar para a pessoa e dizer

que a cabeça pregou uma peça, que um grave esquecimento foi cometido e pedir desculpas. Podem mandar
um presente, flores e reforçar o pesar com um lindo bilhete. Ela vai acabar aceitando, e a gente, enfim, voltará
a dormir de novo o sono dos justos: sem pesadelos,
sobressaltos e culpa.

MENTIRINHAS BRANCAS

A cena: a amiga está vestida, penteada e maquiada, pronta para ir à festa. Assim que ela aparece, a gente quase tem um ataque, pois acha a roupa, o cabelo e a cor do batom, tudo um horror. Para complicar a situação, ela pergunta: "Que tal, gostou?" Dizer com sinceridade que não está bom, que está tudo errado ou fingir que está ótimo?

Já passei por situações parecidas e cheguei à conclusão de que há horas em que uma mentirinha, ou melhor, uma omissão da verdade é preferível. A moça está pronta, não vai ter outra roupa para trocar, nem vai poder arranjar o cabelo de outra maneira. Para que então deixá-la insegura, humilhada, já que o desastre está feito? Se ela tivesse consultado antes, enquanto dava tempo de pensar numa outra solução, tudo bem, seria até obrigação dar uma opinião sincera. Mas ali, naquele momento, falar a verdade seria uma crueldade inútil. Há horas em que omitir opiniões é mais solidário e caridoso do que a verdade dura e pura.

ME EMPRESTA ESSA ROUPA?

Já deve ter acontecido com vocês: ver uma amiga vestindo a roupa que vocês pediram a Deus para ir a um casamento, uma festa ou um jantar. Do jeitinho que vocês queriam, na cor certa, no feitio sonhado, no tecido ideal! A dúvida se instala: pedir ou não pedir emprestada?

Pois deixem que eu ajude a resolver o problema com duas outras questões. A primeira delas: a pessoa é íntima? Tipo irmã, prima querida, melhor amiga? Se vocês responderam que sim, passem para a segunda pergunta; senão, nem adianta prosseguir. Não se pede nada para quem não seja unha e carne com a gente.

A segunda questão: se acontecer um desastre com a roupa, vocês têm como substituí-la? Pode cair vinho na roupa emprestada, não pode?

Pode manchar de molho de salada, pode rasgar – tudo pode acontecer. Se não tiverem como devolver uma peça idêntica, desistam na hora. Não se pede nada emprestado que não possa ser substituído imediatamente.

Isto posto, ainda tem uma última consideração: devolvam a peça limpa e cheirosa. Mandem para o tintureiro, lavem em casa, façam o que for preciso, mas entreguem a roupa impecável.

Uma coisa eu garanto: usar uma roupa emprestada, por mais que seja de uma pessoa íntima, é um estresse danado. Evitem.

CABELO NA SOPA

Elza estava jantando na casa de amigos e, de repente, enxergou um fio de cabelo na sopa que estava tomando. E agora? Avisa ou não a dona da casa? Pede para trocar de prato? Mostra para o vizinho? Pára de comer?

Depois de alguns minutos de agonia, tomou uma decisão: escondeu o maldito fio embaixo de um macarrãozinho que fazia parte do prato e, bravamente, continuou a tomar mais algumas colheradas da sopa, deixando o resto no fundo, disfarçadamente. Ela quer saber se agiu bem.

Você até exagerou na delicadeza, Elza. Bastava disfarçar e deixar de comer. Discretamente. Com uma boa dose de autocontrole para se calar e não chamar atenção para o problema e nem arrasar a dona da casa.

Poupar as pessoas de situações involuntariamente vexaminosas é prova de muita educação e civilidade.

>>135

NÃO É DA SUA CONTA

A Cristina pergunta: Que atitude tomar com uma colega de trabalho que vive querendo saber o salário de todo mundo, o preço das roupas, do aluguel, quanto fulana ou beltrana ganham de pensão do ex-marido...? Como fazê-la entender que são assuntos particulares?

Coincidência ou não, alguns assuntos que começam com a letra D devem ser evitados quando não se conhece bem o interlocutor: dieta, doença, depressão, diretrizes políticas, doutrinas religiosas e... dinheiro. Dinheiro também? Também. É um assunto particular que deve ser respeitado. Ninguém tem nada que saber quanto a gente ganha, o preço da plástica, da viagem de férias ou do presente dado a um amigo em comum.

Cristina, você tem toda a razão: há números que não devem ser questionados porque deixam as pessoas em situação incômoda, como se estivessem sendo avaliadas pelo que *têm* e não pelo que *são*; e ainda podem servir para aferições preconceituosas e injustas.

Alguém pode achar que seu salário é baixo e que você não vale um convite para uma festa ou um passeio! Alguém pode menosprezá-la porque suas roupas não são de grife famosa, como pode discriminá-la porque você tem mais de 30 anos. Não se pergunta nada a uma pessoa que possa deixá-la exposta a avaliações esnobes como essas, que, infelizmente, podem acontecer.

Se a sua colega voltar a fazer esse tipo de pergunta, responda sorrindo: Não é da sua conta!

PODE TROCAR PRESENTE?

Sob os olhares cheios de expectativa do marido, namorada ou da melhor amiga, chegou o momento de abrir o presente escolhido com todo carinho e... drama: a gente detesta o que vê. Conseguindo disfarçar o desgosto, damos um abraço na pessoa, agradecemos efusivamente e passamos o resto da noite pensando em como se livrar do mimo sem ofender ninguém. É mesmo uma situação delicada. Há casos sem solução: se o presente, por exemplo, for uma jóia cara ou uma jóia de família, o jeito é se conformar. Usar em festas familiares como casamentos, aniversários, e pronto; nem adianta perder mais tempo com o assunto.

Daí para frente, com criatividade e bom humor, tudo se resolve. Se o presente for uma roupa, a coisa fica mais fácil: é só dizer que engordou, que a peça não serviu, e trocar por outra; se for um objeto para a casa, o truque é convidar a pessoa para um café, um jantar, e pôr o presente num lugar bem visível. Podem tirar no dia seguinte sem o menor constrangimento. Se a pessoa se der conta numa próxima visita que o objeto sumiu, basta dizer que quebrou.

Sou completamente a favor de pequenas desculpas como estas. Fazem parte de uma coreografia social harmoniosa e civilizada. Não vejo a menor necessidade de dizer verdades que podem magoar em assuntos tão leves.

CHÁ-DE-CADEIRA

Antigamente, tomar chá-de-cadeira era uma tortura social que se infligia nas festas às moças que passavam a noite toda sentadas na cadeira, esperando, inutilmente, que algum rapaz as tirasse para dançar. Uma humilhação completa para quem tomava esse chá amargo e indigesto.

Essa crueldade desapareceu nos anos 60 com o rock e outras danças de coreografia individual em que todos podem entrar nas pistas e dançar sozinhos. (Pouca gente se deu conta de quanto a liberação feminina deve a este gênero de música!).

Embora sumido das festas, o chá-de-cadeira continua sendo exercido cada vez que alguém se atrasa e faz uma pessoa esperar por mais de quinze minutos em um encontro de horário combinado – seja no escritório, na rua, na porta do cinema, no bar, no restaurante ou em casa.

O desamparo e o ressentimento provocados por esta situação trazem conseqüências imprevisíveis. Imagino quanto o ex-ministro José Dirceu lamenta o chá-de-cadeira de quatro horas dado no deputado Fernando Gabeira que, furioso e se sentindo desrespeitado, levantou o capotão provocando, em última análise, a queda do ministro.

Todo mundo pode se atrasar numa grande cidade de trânsito imprevisível. Mas o *imprevisível* é tão previsível que qualquer um que tenha um encontro marcado não deveria sair de casa sem dar, no mínimo, meia hora de folga para o acaso. Fazer alguém esperar sem uma desculpa séria, sem um motivo importante e, principalmente, sem um telefonema no meio do caminho para justificar o atraso, é uma prova de arrogância e falta de civilidade. Está aí uma boa hora para usar o celular.

V. ENCRENCAS À MESA

PALITANDO OS DENTES

Mexendo outro dia em guardados, encontrei no fundo de uma caixa um pacotinho pequeno embrulhado em muitas camadas de papel de seda. Abri com cuidado e achei um vasinho de prata escurecido pelo tempo. Tratava-se de um paliteiro. Tenho uma vaga idéia de tê-lo visto à mesa na casa da minha avó e, talvez, ainda na casa de minha mãe; até que um dia, desapareceu de circulação. Caiu em desgraça.

Hoje em dia, não se palita mais os dentes em público. Os palitos foram substituídos pelo fio dental; a função desta atividade passou para a categoria da higiene pessoal e é exercida na intimidade de um banheiro, bem longe dos olhos de assistentes.

É curioso como os hábitos mudam e vão se refinando. Podemos lembrar de outros costumes que perderam o prazo de validade nos últimos tempos por causarem desconforto – ou por questões de higiene ou por remeterem demais a certa selvageria que o mundo civilizado rejeita.

Me lembro perfeitamente que era motivo de orgulho em grandes almoços assar um leitão e trazê-lo à mesa inteiro, e ainda com uma maçã na boca! Espetáculo que faria um vegetariano desmaiar de horror e que mesmo aos que comem carne já não agrada tanto. Tudo que fica muito próximo do primitivo, do rústico, do estado bruto e pouco polido causa hoje um sentimento de repulsa. O mundo civilizado distancia-se da pré-história.

O PRÍNCIPE VIROU SAPO

Jantando num restaurante elegante da cidade, tive minha atenção atraída para a mesa ao lado onde um jovem executivo estrangeiro, muito bem vestido e falante, estava sendo recebido por um rapaz e duas moças, todos brasileiros, que se esforçavam para ser agradáveis falando inglês e passando os pedidos para o garçom. Quando os pratos chegaram, o príncipe virou sapo. O bonitão comia de boca aberta! Percebi imediatamente se instalar um perplexo mal-estar entre os companheiros de mesa, o que não era de admirar. Nada pode ser mais desagradável do que ver alguém comer feio daquele jeito.

Fiquei observando em volta e fiz daquela noitada uma pesquisa comportamental sobre bons modos à mesa.

Pequenas regras que vão fazer do jantar um encontro civilizado:

1. Não soprar a sopa ou qualquer bocado com molho. Ponham na colher e deixem a quentura baixar. É proibido chupar e fazer barulho.

2. Quando o prato chegar, comam no mesmo ritmo dos outros. É muito chato alguém ficar falando com o prato servido à sua frente e fazer com que todo mundo o espere comer sozinho depois.

3. Esqueçam os celulares. Ainda dá para tolerar se for um almoço de negócios. Mas falar no celular quando se está jantando com uma namorada ou com amigos é uma tremenda falta de consideração.

COISAS QUE NAO SE FAZ À MESA

Coisas que não se deve fazer à mesa, tiradas de um livrinho de etiqueta dos anos 60 e que continuam a valer hoje:[9]

1. Sentar-se antes da anfitriã.
2. Se precipitar no pão antes que o jantar esteja servido, como se estivesse de jejum há mais de 48 horas.
3. Começar a comer antes da anfitriã, a menos que ela mande.
4. Soprar a colher ou o prato para esfriar os alimentos.
5. Fuçar a travessa para pegar o melhor pedaço.
6. Cortar as folhas da salada com faca.
7. Apalpar as frutas para escolher uma para comer.
8. Esmagar com o garfo os morangos (ou qualquer outra coisa) para fazer um purê.
9. Cuspir os caroços de cerejas ou de uvas no prato ou no guardanapo. O melhor é tirar discretamente com a mão e depositar no prato.
10. Beber com a boca cheia de comida.
11. Comer de boca aberta.
12. Deixar a comida no prato. Na Inglaterra, trata-se de uma polidez elementar; na França – assim como no Brasil – é uma ofensa para a dona da casa.
13. Fumar à mesa. Um péssimo hábito e um crime contra a gastronomia

9 Françoise Raucourt, *Savoir vivre*, coleção Petit Guide (Paris: Editions des Deux Coqs d'Or, 1965).

CAROÇO DE AZEITONA

O que fazer com o caroço da azeitona ou com a espinha de peixe? Pego com a mão? Ou coloco no garfo e devolvo ao prato? – pergunta Carolina.

Pegue com os dedos e devolva ao prato ou, caso tiver, no seu pratinho de pão. Porque seria muito mais difícil e complicado equilibrar um caroço de azeitona num garfo e, depois, tentar levá-lo até o prato sem que ele role pela mesa! Vale o mesmo para a espinha de peixe.

Etiqueta é mais ligada ao bom senso do que se imagina.

COMO ENFRENTAR UM COQUETEL DE CAMARÃO

Li outro dia uma ótima crônica, escrita pelo Sócrates, o doutor Sócrates, um dos grandes jogadores da época da Democracia Corintiana.[10] Ele conta que, ainda jovem jogador, foi convidado para jantar na casa de um dos dirigentes do seu clube. Logo que se sentaram à mesa, percebeu que a coisa não ia ser fácil, tantos eram os talheres de formato diferentes de cada lado do prato. Como usá-los? Resolveu seguir o que os outros convidados fizessem.

O sossego durou até a chegada da entrada: uma peça gigantesca, alta como uma torre Eiffel iluminada, de onde pendiam quatro enormes camarões embebidos em molho *rosé*, trazida por um dos muitos garçons.

Ele gelou diante daquele obelisco estacionado à sua frente, sem saber como atacá-lo. Ninguém se mexia. Provavelmente tinham as mesmas dúvidas que ele. Vendo que seria impossível usar qualquer um daqueles talheres sem dar um banho de molho no vizinho, Sócrates tomou a decisão: pegou os camarões com os dedos e começou a comer. Todos imediatamente o acompanharam.

O ex-jogador termina a crônica assim: "E aí, fiquei me perguntando: para que todo aquele arsenal em volta do prato? Talvez tenha sido para nos apavorar, ou, quem sabe, só um descuido do anfitrião?"

Sócrates agiu certo, pois agiu com sentido. Muito mais chic do que o rico e esnobe anfitrião.

---

[10] Nome dado ao movimento empreendido pelos jogadores do clube paulista de futebol Corinthians, em 1983, reivindicando melhores condições de trabalho. A crônica de Sócrates foi publicada na revista *CartaCapital*, de maio de 2005.

O REINO DA PIMENTA

Eu sempre achei que pimenta vinha da Índia. A gente não aprendeu na escola que os portugueses iam para lá buscar especiarias e que foi até numa dessas viagens que, por engano, eles vieram parar no Brasil? Pois saibam que não: a pimenta malagueta e muitos outros tipos de pimentas vermelhas são originárias do México e da Amazônia. Já a pimenta-do-reino, que é de origem japonesa, se deu tão bem no nosso clima tropical que somos hoje os maiores exportadores mundiais da espécie. Tudo isso aprendi outra noite, num jantar, em que estava um apaixonado conhecedor de pimentas. Adoro essas surpresas: de repente a gente começa a conversar com uma pessoa e descobre um mundo todo organizado em torno de... pimenta-do-reino – com comerciantes, plantadores, degustadores, historiadores. Vendo que eu estava interessada nas informações, o senhor foi se entusiasmando a ponto de mandar vir da cozinha algumas espécies para mostrar e descrever melhor.

Não contente com a aula teórica, passou à prática – experimentando uma a uma até que, num determinado momento, engasgou. Ele foi ficando vermelho, os olhos se encheram de lágrimas, e não havia água ou gelo que acalmassem aquela aflição. A mesa entrou em desespero e o homem tossia, suava e gemia. A agonia (dele e nossa) durou um bom tempo. Eu não sabia se ria ou chorava. Ele entendia de pimenta, mas de boas maneiras, muito pouco. Qualquer pessoa que tenha um ataque de sufoco como esse deve se levantar e ir resolver o drama num lugar calmo, sem pôr a sala inteira em polvorosa.

Pimenta pode ser uma delícia: tem até o efeito medicinal de liberar endorfinas que, dizem, provocam uma agradável sensação de bem-estar. Mas devem ser ingeridas em doses civilizadas.

DESTEMPEROS DE UM ALÉRGICO

Um amigo, alérgico a algum condimento muito usado na culinária, me pede socorro. Conta que é só sentar-se à mesa para dar aquela vontade incontrolável de espirrar, seguida pelas intermináveis assoadas no nariz. Como sair dessa? – pergunta, desesperado. Levantar a cada ataque? Ou ficar e incomodar os companheiros de mesa?

Bem, meu caro, sinto muito, mas trate logo de descobrir quais são esses condimentos que provocam a alergia para pedir ao garçom que sugira pratos sem eles e, assim, não se tornar o centro nervoso e enervante das refeições. É muito desagradável para quem está comendo ter alguém à sua frente fungando, tendo surtos de tosse ou resfolegando atrás de um lenço.

Esses ataques vão dando um pouco de aflição, pois os outros não sabem que se trata de uma alergia e podem ter a sensação de que sejam vírus que passarão a fazer parte do prato e do menu.

Enquanto não sair o resultado dos seus testes de alergia para isolar os malditos temperos, o melhor é comer em casa, ou se conformar em pedir nos restaurantes um belo prato de frutas!

VALE-TUDO NO BOCA-LIVRE

Estou voltando de férias passadas num *resort*, tipo paraíso tropical, num dos estados do Nordeste. Aquele sonho: praia deserta, coqueirais, mar quentinho e nada, mas nada mesmo de preocupações, a não ser passar protetor solar, não esquecer de levar o livro para a praia e não perder o horário das refeições, todas ótimas. Pois foi numa dessas férias que arrepiei com o que vi: pessoas avançando no bufê e voltando para a mesa com pratos gigantescos como se estivessem saboreando a última refeição de suas vidas. Era feio de olhar: verdadeiros esganados colocando pirâmides de comida na frente e atacando os alimentos com uma ansiedade de dar inveja a uma onça magra perdida no deserto. Um show de voracidade que se repetia a cada refeição.

O fato de ter diante de si muitas opções – sem ter de pagar por prato pedido ou pelo peso do que se consome – não justifica esse destempero grosseiro e excessivo. Controlar os impulsos e apetites é o que distingue seres civilizados de feras selvagens.

AO ATAQUE

Na vida real muita gente passa por um sufoco quando se vê diante de pratos difíceis de serem comidos com a ajuda dos talheres – como uma asa de frango, por exemplo. Quem conhece bem as regras de etiqueta não vai passar pelo vexame de ver a asa do frango voando para outra mesa, pois vai atacá-la da única maneira aceitável: com as mãos. Alguns pratos não só podem como *devem* ser atacados desta maneira. Querem saber quais são? Tomem nota:

1. Frango à passarinho ou asa de frango assado.
2. Costeletinha de porco.
3. Espiga de milho.
4. Caldeirada de marisco ou qualquer outro fruto do mar que venha em concha ou em carcaças.
5. Alcachofra.

É claro que nenhuma destas delícias é servida em jantares de cerimônia justamente para poupar a mesa do ritual um pouco selvagem de comer com as mãos. De qualquer modo, quando fizerem parte do cardápio, sempre pedem uma tigelinha com água morna e uma rodela de limão (a "lavanda" ou *bowl*), ao final, para que os comensais possam desengordurar a ponta dos dedos.

Outra pequena armadilha que a etiqueta à mesa também coloca são pratos e iguarias que não devem ser cortados com faca. Olhem só:

1. O pãozinho de entrada. Partam em pedacinhos com os dedos e levem à boca com as mãos.

2. Saladas. Espera-se que sejam dobradas como uma trouxinha – com a ajuda do garfo e o apoio da faca.

3. Ovos (omeletes, ovos fritos, mexidos...).

4. Massas. Querem deixar um italiano de cabelo em pé? Partam qualquer massa com faca. Espaguete, *capeletti*, lasanha, seja lá qual for a massa, ataquem só de garfo. A única massa que suporta uma faca é a pizza.

Como eu sempre digo, regras de etiqueta devem ser conhecidas até para serem desobedecidas.

CADA UM NO SEU REGIME

A empresa em que Maria Cláudia trabalha vai receber a visita de um alto executivo líbio, e ela foi encarregada de organizar a estadia e fazer os arranjos necessários para que tudo corra bem. A dúvida é quanto às refeições: providencia um cardápio adequado aos preceitos religiosos de um muçulmano, ou não toma conhecimento e deixa que o estrangeiro se adapte aos nossos costumes culinários?

É cada vez mais comum ter pessoas com regimes alimentares particulares – por razões religiosas, por serem vegetarianos, ou adeptos da comida orgânica, de modo que, ao se planejar uma refeição, o melhor é levar isso em conta e dar opções para todas as diferenças. Seu hóspede vai reconhecer e agradecer a delicadeza.

VI. CORREIO SENTIMENTAL

AGÊNCIA DE DESCASAMENTO

A coisa mais fácil e gostosa do mundo é começar um namoro; a mais difícil e desagradável é terminar com ele. A gente fica pensando em mil maneiras de dizer que não quer continuar o relacionamento, ou que não tem a mesma paixão, de um modo que magoe o menos possível a outra pessoa, não é mesmo? Mas é inútil. E essa cena final costuma ser um trauma para os dois. Mais complicado ainda quando a separação envolve pessoas casadas.

Pensando nisso, o alemão Berndt Dressler inventou uma *agência de descasamentos* que se encarrega desse "trabalho sujo" por alguns euros. O marido ou a mulher escolhe se quer que a notícia seja dada com muitas explicações ou se prefere que a revelação seja curta e grossa. Pode também escolher como o assunto vai ser levado ao conhecimento do outro: por telefone ou pessoalmente, o que ficaria um pouco mais caro. A única exigência da empresa é que os clientes dêem três razões para a separação para que eles tenham argumentos junto à parte do casal que está sendo dispensada.

Achei essa idéia muito bizarra. Por mais penoso que seja, o decente é romper no *tête-à-tête*. Sinto muito, mas qualquer outro artifício é covardia. E quem tomou a iniciativa passa por isso porque quer.

BENHÊ!

Silvana está apaixonada. Ela não é mais nenhuma mocinha e, parece, encontrou o grande amor de sua vida após os 40 anos. O único problema dessa linda história é que o namorado, igualmente apaixonado, proclama seu amor em alto e bom som chamando-a de benzinho, ou pior ainda, de "benhêee", na frente de todo mundo, o que a deixa morta de vergonha. Posso imaginar. Se a situação já é ridícula entre adolescentes, o que dirá entre adultos. Ouvir uma pessoa chamar o namorado (ou namorada) por certos apelidos amorosos é constrangedor, pois obriga a quem não tem nada a ver com isso a participar da intimidade do casal. São gracinhas que só se fazem entre quatro paredes. Silvana quer saber como dizer isso ao namorado sem ofendê-lo.

Simples: diga que acha o tratamento tão especial e único que deve ficar apenas na intimidade. Se ainda assim ele não mudar de atitude, então, Silvana, o jeito é relaxar e aproveitar o entusiasmo do seu Romeu.

QUANDO TER DINHEIRO É PROBLEMA

Dizem que a maior causa de brigas entre casais é o dinheiro. Excesso de dinheiro dá briga, falta dá brigas medonhas, e grandes diferenças de situação financeira também. Principalmente quando a mulher tem mais do que o homem. Machismo? Pode ser... Mas um certo pudor em relação às dependências financeiras é até uma qualidade quando bem dosado.

É o caso de Fernanda: tem um belo emprego e uma boa situação econômica. Já o namorado, ao contrário, é de família pobre e ganha bem menos do que ela. Nada disso incomoda à moça – que o adora –, mas há momentos em que não sabe como agir para não ferir o orgulho do rapaz, e também para não ficar em situação desconfortável.

Mês que vem, por exemplo, é o casamento da irmã; e ela sabe que o namorado não tem um terno para a ocasião. A situação entre os dois está tensa: ele não aceita o terno de presente e resolveu não ir ao casamento da cunhada – o que ela acha absurdo.

Concordo. O rapaz radicalizou. Que ele não queira aceitar de presente apartamentos ou carros, tudo bem. Acho até prova de caráter e de vergonha na cara. Mas deixar de acompanhar a namorada num dia tão especial por causa de um terno também é demais! Assim como Fernanda aceita com tranqüilidade a situação financeira do namorado, é preciso que ele aceite a dela com a mesma abertura. Senão, é dar muita importância ao dinheiro e a tudo que ele representa.

COMO O DIABO GOSTA

Alô, meninas chics! Essa é para vocês que, muitas vezes, me tomam por consultora sentimental e enviam perguntas que eu não tenho habilitação profissional para responder. Posso ajudar a esclarecer alguns nós no trânsito da civilidade, mas não posso, e nem sei, atuar nas trombadas do coração.

A Luana me conta que namorou um colega do escritório e que, de um dia para outro, foi dispensada porque o rapaz já estava de olho noutra colega da sala ao lado. O que ela deve fazer? Está desesperada, com medo de perder o controle e armar um barraco.

Ô Luana, reconheço que a situação é de amargar. Uma daquelas armadilhas que a vida apronta para testar o nosso caráter e nosso grau de civilidade. Se ele não está mais interessado em ir adiante com você, não há nada que vá mudar esse quadro. Uma "rodada de baiana" só vai complicar sua situação com ele, além de desclassificá-la no ambiente de trabalho.

Morda a língua, conte até dez, concentre-se na sua vida e tente dar a volta por cima. Qualquer outra atitude vai por em risco seu emprego e, certo como dois e dois são quatro, não vai trazer o rapaz de volta. Não é preciso ser psicóloga para saber disso.

PRIMEIRO ENCONTRO

Alô, rapazes chics! O que as mulheres esperam de um cara num primeiro encontro? Para os homens, este costuma ser um problema complicadíssimo. Eu não posso entender por quê. Sendo mulher, acho muito simples.

Mulheres querem que vocês venham vestidos sem exageros. Nem de terno e gravata e gel no cabelo, nem como se tivessem levantado da cama. Roupa é importante, mas não é fundamental. Elas querem sentir cheirinho de banho tomado, sem que isso implique em perfume demais. Querem que vocês não fiquem olhando para os lados, muito menos para outras mulheres. Querem que vocês venham sozinhos, e odeiam quando trazem um amigo junto.

Mulheres têm pavor de homem folgado, exibicionista e que trata mal o garçom. Querem, ou melhor, adoram quando vocês fazem o gesto de pagar a conta. Elas não fazem a menor questão que o lugar seja caro, por isso, que tal escolher um que caiba no bolso e pagar ao menos essa primeira vez?

É ou não é fácil agradar a uma mulher?

IR OU NÃO IR À MISSA

Anita conta que está namorando um rapaz, católico praticante, por quem está sinceramente interessada. Ela, apesar de ser batizada, nunca freqüentou igrejas, e foi criada por pais ateus que só a batizaram para agradar a uma das avós. Final de semana passado, os dois foram para a casa dos pais dele em uma cidade do interior de São Paulo. Foi então que a primeira briga séria aconteceu: o rapaz insistiu que ela fosse à missa com todos os da casa, e Anita se negou.

O namorado argumentava que a recusa dela em acompanhá-lo era uma falta de respeito por ele e pela família; ela, em contrapartida, achava que a insistência dele, sim, é que revelava falta de respeito pelas convicções dela.

O assunto é perigoso. É claro que o pedido do rapaz tem como finalidade uma demonstração de tolerância por parte dela aos hábitos da família, e uma conseqüente boa vontade dos pais para com ela. Por outro lado, o pedido colocou a moça numa posição desagradável: a de ter que fazer um teatro só para agradar à turma do rapaz.

Embora não matasse ninguém ir à missa ao menos uma primeira vez, e deixar para esclarecer as escolhas religiosas mais tarde, também não custava nada ao rapaz abrir logo de cara o jogo e explicar que a namorada não é católica praticante e que deve ser aceita e apreciada por sua franqueza em relação ao assunto. Fico aqui na torcida para que os dois se acertem.

COMO LIDAR COM UM FLAGRA

A situação que a Débora viveu há poucos dias não poderia ser mais constrangedora: entrou num bar e deu de cara com o marido de uma de suas amigas em franco namoro com outra pessoa. A saia ficou mais justa porque o sujeito percebeu e, depois, implorou para que o flagra ficasse em segredo. Então, surgiu o dilema: "Fico quieta e deixo minha amiga fazer papel de boba ou conto e crio uma situação difícil para todo mundo?"

Olhe, Débora, não há uma regra para essa pegadinha do destino. Cada caso é um caso e tem de ser avaliado cuidadosamente. Já passei por uma história parecida, fiquei calada e, mais tarde, minha amiga soube que eu tinha conhecimento do namoro do marido e nunca me perdoou por eu não ter contado.

Numa hora dessas tudo tem que ser analisado: o casal está junto há muito tempo? Numa separação por conta deste incidente, ela teria chance de se recuperar? Você acha que ela preferiria saber ou ser poupada da revelação? Será que não foi apenas uma aventura passageira do marido?

Uma coisa é certa: não se precipite em tomar uma atitude. Remoa o assunto com seu travesseiro (e só com ele) e deixe o tempo ajudar a encontrar a melhor resposta. Com seriedade, compaixão e calma, ela virá.

CONTRATO DE QUARENTENA

Todo mundo sabe que o presidente do Banco Central, ao deixar seu cargo, assina o compromisso de não aceitar por algum tempo nenhum posto em instituições financeiras privadas, até que as informações privilegiadas a que tinha acesso enquanto estava no poder deixem de ter importância e validade. Uma maneira de baixar a bola e esfriar um tipo de atividade até poder começar outra sem ranços e sem rabo preso.

Pois casais deveriam fazer o mesmo quando se separam e um dos dois arranja um novo amor. Pior do que sobrar e ficar no desamparo é saber que o seu (ou sua) ex está circulando pelos lugares da cidade que costumavam ir juntos e, horror dos horrores, freqüentando imediatamente a casa dos melhores amigos do antigo casal. Aí é demais! A pessoa se sente duplamente traída e abandonada.

Amigos para valer podem perfeitamente explicar que preferem não receber em casa os recém-namorados para não magoar o solitário, deixando claro que não se trata de uma censura, mas apenas de um tempinho para que as cicatrizes se curem. Uma espécie de quarentena amorosa para que as coisas se acalmem. O que custa ao novo par ficar um pouco na retaguarda, manter a discrição até a outra parte se sentir mais apta a encarar sua nova condição? Se os presidentes do Banco Central agüentam a quarentena, por que os pombinhos não hão de poder?

POR QUE NÃO ARRUMO NAMORADO?

Tenho uma amiga de 30 e poucos anos, bonita e independente, que está sem namorado há muito tempo – o que deixa os amigos e a própria muitíssimo intrigados. O que há com ela que não consegue um relacionamento que dure mais do que poucos encontros?

Desconfio que a explicação esteja na ingênua crença de que homens e mulheres são iguais, inclusive no comportamento, o que faz com que ela ignore algumas leis básicas do funcionamento humano, o masculino em particular.

Homem gosta de tomar iniciativas. Se a coisa é fácil demais, perde a graça. Mulher moderna não aceita essa realidade e vai à luta: telefona, convida para sair. Eles até gostam dessas cantadas, mas depois de uma ou duas saídas perdem o interesse no caso.

Minha desconfiança se provou correta ao ler declarações de Greg Behrendt, o roteirista de *Sex and the City*,[11] que até escreveu um livro sobre o assunto, *Ele simplesmente não está a fim de você*. Segundo ele, "as mulheres hoje estão disponíveis demais. Os homens gostam de batalhar pela mulher que querem, de sentir o prazer da conquista". Se liguem, garotas! Querem um namorado? Deixem que eles corram atrás de vocês. E esperem para ver a diferença!

---

[11] *Sex and the City* – série popular americana, baseada num livro com o mesmo nome de Candance Bushnell, originalmente transmitida pela cadeia HBO, de 1998 até 2004. Ambientada em Nova York, trata das relações íntimas entre quatro amigas.

VOCÊS JÁ TÊM SEU INTELLIDATE?

Não sabem o que é *intellidate?* Pois então atualizem-se: trata-se de um encontro amoroso descolado nos mais novos locais de paquera, ou seja, onde se realizam cursos, seminários ou qualquer outra programação intelectual. Depois de bares para solteiros, *lounges* e boates – que nunca renderam muita coisa –, o mais novo e interessante ponto de encontros, com alguma possibilidade de futuro e de vida inteligente, parecem ser os inúmeros cursos livres que andam pipocando por aí sobre filosofia, história medieval, música clássica, poesia concreta, cinema russo e outras especialidades sofisticadas e exclusivas.

Todo dia abrem-se casas do saber, cafés filosóficos, ou então grupos de pessoas se reúnem em museus ou nas casas de uns e de outros para estudar algum assunto especial. E esses lugares estão cheios de solteiros em busca de conhecimento e de companhia.

O fenômeno não é só brasileiro. Já foi assunto do jornal britânico *The Economist* como tendência de comportamento também na Europa.

Eu acho ótimo. Arrumar um namorado com massa encefálica é bem mais sofisticado e interessante do que um que só tenha massa muscular.

QUEM TROCA O PNEU?

Outro dia, num jantar, reparei numa mulher que levou um prato com a sobremesa para o namorado e foi servir um cafezinho para ele depois. Na saída, ele ajudou-a a colocar o casaco e abriu a porta do carro para ela entrar. Por outro lado, vi várias mulheres que não tomaram o menor conhecimento dos homens durante o jantar e que, na saída, tiveram que correr para entrar no carro onde eles já estavam e as chamavam com buzinadas.

Sei não... Alguma coisa está mal avaliada nessa famosa libertação feminina. Que homens e mulheres têm os mesmos direitos jurídicos e civis, a mesma capacidade intelectual, está claro e já nem se discute mais. Mas será que a gente tem que ficar provando isso o tempo todo? Será que não abolimos nesse radicalismo uma das coisas mais agradáveis da convivência que é a gentileza?

Pensem bem: não é muito mais fácil para nós mulheres fazer um cafezinho para eles – o que não é nenhum esforço do outro mundo –, mas, em compensação, poder contar com eles para trocar um pneu, que é uma tarefa desagradável e pesada? Acho que o mundo moderno anda esquecido da noção de trocas de gentilezas, e o relacionamento entre homens e mulheres anda se ressentindo muito disso. Sugiro que a gente volte a colocar essa graça na vida. Nada pode ser mais civilizado do que a troca de gentilezas entre duas pessoas que se tratam de igual para igual.

HOMENS NO SHOPPING

Por que homem não gosta de fazer compras? Por que mulher adora ir ao shopping e homem tem horror? Porque sim, oras. Porque são duas espécies diferentes. Vocês, mulheres, o que achariam do seguinte programa: pegar um ônibus cheio de mulheres, ir ao estádio, cheio de mais mulheres, para ver dois times de mulheres disputarem um jogo; e, depois da partida, sair do estádio no meio de uma multidão de mulheres e ir para as ruas encher a cara de cerveja, dançar com as mulheres e só voltar para casa, onde ficaram seus maridos e filhos, no dia seguinte, ainda bêbadas da noitada anterior?
Passa pela cabeça de alguma de nós esse pavor?
Pois é o sonho de consumo da maioria dos homens do país. E mais: eles não só *não* convidam vocês para ir junto como preferem ir sozinhos. Por que então não fazer o mesmo na hora das compras? Chamem uma amiga se quiserem, mas deixem os infelizes em paz. Além do mais, eles costumam ser péssimas companhias para o programa: não sabem escolher, não ajudam em nada e, ainda por cima, vão despertando sentimento de culpa na gente pelo tempo que estão nos dedicando.
Na hora das compras, dêem esse presente aos homens: dispensem a presença deles! Todo mundo vai ficar mais feliz assim!

VII. EM FAMÍLIA

HÓSPEDE: PRAZER OU TORMENTO?

Os parentes insistiram no convite, e vocês acabaram aceitando se hospedar na casa deles. Pois para que continuem a ser bem-vindos e, sobretudo, queridos, alguns cuidados têm que ser tomados, além de um presente que, naturalmente, tem que ser dado e muito bem escolhido como prova de agradecimento. Por mais intimidade que se tenha com seus hospedeiros, hóspede tem data certa para chegar e para partir. Nada pior do que o tipo que estica a estadia, por mais divertida que esteja. Outras pequenas regras fazem da temporada na casa dos outros um prazer para todos, e não um tormento desesperador:

1. Tratem a casa deles como se estivessem num palácio. Cuidem de não molhar mesas com copos gelados, não deixar cinzeiros sujos na sala ou mesmo no quarto, não deixar o banheiro molhado depois do banho.

2. Façam algumas gentilezas para os anfitriões, como levar o cachorro para passear, trazer flores, ir para a cozinha e preparar uma comidinha, levar a criança da casa ao cinema.

3. Nunca tratem as pessoas que trabalham para os donos da casa como se fossem seus empregados: nada de pedir comidas especiais ou uma bainha rápida para a calça nova; de usar a secretária para marcar seus encontros; e muito menos ainda pedir que comprem outra marca de adoçante.

4. Não percam a chave da casa, não fiquem horas ao telefone, não façam interurbanos.

5. Ao sair, gorjeta para quem ajudou na estadia.

Dessa maneira, todo mudo vai se lembrar com prazer da visita. E o convite será sempre renovado.

>>171

SOGRAS: ESSA HISTÓRIA NÃO MUDA?

Entra ano, sai ano e essa história – que mais parece quadro de programa de humor na televisão – se repete: sogra mandona atormentando a vida da jovem nora. Será que essas senhoras intrometidas não se dão conta de que estão sendo invasivas e autoritárias mesmo quando tudo o que pretendem é ajudar?

Daniela explica que não sabe como lidar com a mãe do marido, uma enérgica e simpática pessoa que vive para ser útil à humanidade (imagine quanto reserva para a mulher do filho!). Faz compras para ela no supermercado, prepara comidinhas ótimas que manda quentinhas na hora do jantar do casal, se oferece para providenciar o tapeceiro e o tecido do sofá que o casal não consegue trocar por falta de tempo. Um furacão de eficiência a sogra! Como pode a nora fazê-la entender que o seu ritmo é outro, que ela e o marido gostariam de escolher o que comer e a cor do sofá sem ofender a decidida senhora?

Bem, Daniela, posso recomendar duas coisas. A primeira é: resolva o seu problema sozinha, sem colocar o filho do "furacão" no meio, porque ele vai ficar dividido entre vocês duas, o que vai deixá-la frustrada e rancorosa. Segunda: use todos os seus recursos de psicologia, paciência e bom humor. Só assim vai conseguir impor seu jeito de resolver as coisas sem ofender a sogra. E, de quebra, vai ter um marido grato e feliz para sempre!

SEUS FILHOS

Todo mundo conhece o ditado popular: é de pequenino que se torce o pepino. Ou seja, é desde o berço que uma criança deve ser educada. Com poucos dias o anjinho já percebe que consegue manipular os pais e toma conta da casa se não tiver limites desde cedo. Por mais lindos e maravilhosos que eles sejam, o mundo não vai ter a mesma paciência ou condescendência dos pais, e não quer ser incomodado por gritos, bagunça e correrias que as crianças podem fazer. Principalmente em lugares públicos. Para evitar que os filhos sejam vistos como selvagens (e tratados como tal), considerem o seguinte:

1. Levar em restaurante é até educativo – comecem em lugares apropriados e que tenham menu *kids*, para só levá-los em restaurante de adultos quando eles estiverem prontos para se portar como os demais.

2. Se for com seus filhos e com amigos comer fora, paguem a parte das crianças.

3. Não levem crianças em festas de gente grande. É chato para todo mundo. Inibe os adultos, e as crianças se aborrecem. Se a festa for na sua casa, mandem os pequenos para uma deliciosa noite de farra na casa da vovó (se tiverem a sorte de ter uma que tope este programa).

4. Quando for ao cinema, ou quando estiver viajando de ônibus ou avião, não deixem que os fofos fiquem dando pontapés no banco da frente.

5. Criança ameaça escândalo ou começa a gritar em lugar

público, consultório médico, na casa de alguém que você está visitando? Levem imediatamente para fora, e resolvam o caso longe da vista e dos ouvidos dos outros.

Ensinem desde cedo regras de civilidade para seus filhos. Mais tarde, eles vão agradecer.

TIMES OPOSTOS

Dona Ercília está acostumada a administrar conflitos. O marido, que morreu no ano passado, era são-paulino, um dos filhos, palmeirense e o outro, corintiano. Assim mesmo, ela lembra com saudade dos almoços de domingo quando essa turma heterogênea, mas cheia de espírito esportivo, assistia aos jogos de futebol sem que ninguém saísse de olho roxo ou braço quebrado.

"Bons tempos", diz ela, pois hoje essa convivência relativamente pacífica foi para o brejo: o bom humor sumiu, e os filhos estão em pé de guerra por causa das eleições. Por isso, ela teme que o almoço do próximo domingo (ainda por cima dia do seu aniversário) possa ser um desastre. Os dois filhos agora não conseguem se encontrar sem que saia um bate-boca infernal por causa das posições políticas opostas. Como evitar que o almoço não seja catastrófico e que não haja um racha definitivo nas relações familiares?

Dona Ercília criou filhos independentes e com personalidade. São ótimas qualidades que ainda ficam melhor quando levam à democrática admissão de que pessoas possam ser diferentes, sem prejuízo dos afetos. A melhor saída é chamar a família para almoçar e invocar seus direitos de mãe, deixando claro que não vai admitir brigas no dia do seu aniversário, que criou os filhos para serem livres, mas civilizados.

E tem mais: se eles desobedecerem, dona Ercília, ponha esses marmanjos de castigo.

O QUE AFINAL É "FICAR"?

Até hoje as pessoas não sabem direito se as gueixas japonesas têm relações sexuais com seus clientes ou se ficam só cantando e tomando chá. Pois a mesma coisa acontece com o "ficar". "Ficar" quer dizer transar ou só dar uns amassos? Essa é a dúvida de uma mãe de adolescente que está preocupada em saber se a filha que "fica" está ou não passando dos limites.

"Ficar", minha senhora, pode querer dizer as duas coisas. Se a garota é muito jovem, em geral, o "ficar" é dar beijos e uns amassos em um, ou em alguns meninos, durante a noite. Mas se sua filha já tiver mais de 15 anos, é muito possível que o "ficar" vá mais longe. Isso é bom ou ruim? Sem moralismos, podemos afirmar que por um lado é bom: trata-se de um exercício de liberdade e de experimentação. Por outro, pode deixar meninas (e meninos) angustiados, achando que nunca vão conseguir se relacionar com alguém a longo prazo.

Adolescentes precisam de apoio e muita conversa para não ficar frustrados, sentindo-se inadequados para uma vida amorosa mais rica e estável. É importante que eles não "fiquem" só por medo de ser diferente dos demais, e que saibam parar quando tiver vontade.

Só o apoio desencanado dos pais pode ajudá-los nessa fase tão turbulenta da vida.

POSSO TRAZER MEU NAMORADO PARA DORMIR EM CASA?

Já cansei de ser chamada a opinar sobre um dos assuntos que mais perturbam os pais: deixar ou não os filhos dormirem com os namorados em casa. Gente, pelo amor de Deus, me deixem fora dessa. Vocês é que sabem quanto isso vai incomodá-los ou não. Não existe regra para o caso. Menos ainda uma regra de etiqueta. Este é mais um dos comportamentos modernos que exigem que cada um de nós reflita e tome decisões baseadas no quanto podemos entender e tolerar – ou não. Ou seja, se a idéia não for desconfortável, se não for contra os seus valores, se vocês preferem que eles durmam em casa em vez de em qualquer outro lugar na rua, muito bem. Tenham uma conversa aberta com os filhos, digam o que esperam deles, até onde eles podem ir, e o que vocês não vão aceitar.

Agora, se o assunto não desce pela garganta, se vocês acharem que isso vai deixar a família inteira em pânico e sem graça, então digam que não, expliquem as razões, e pronto.

Vocês conhecem o ditado? Tudo o que é combinado antes é barato. Pois então.

OSCAR NIEMEYER QUER SE CASAR

Leio nos jornais que o arquiteto Oscar Niemeyer, às vesperas dos 99 anos, casou-se com Vera Lucia Cabreira, de 60 anos, em cerimônia íntima, diante de poucas testemunhas e dois ou três amigos.[12] A ausência da família do arquiteto teve uma razão: era contra o casamento. Ou seja, o homem que é chamado para projetar prédios, casas, cidades, teve colocado em xeque o direito de projetar a própria vida.

É normal que crianças e pré-adolescentes fiquem enciumados quando o pai ou a mãe começam a namorar depois de uma separação ou viuvez. É preciso muita paciência e psicologia para não deixar os filhos se sentirem abandonados, embora não se possa abrir mão da própria vida e se tornar refém de filhos caprichosos.

Entende-se também que filhos se preocupem com pais ou parentes mais velhos que queiram se casar com pessoas mais moças. Eles podem estar sendo manipulados por alguém que esteja mais interessado em seus bens do que no seu bem-estar. Na maioria das vezes, porém, é pura implicância, ciúme ou egoísmo.

Famílias, desencanem! Os velhinhos estão driblando a solidão tentando continuar a ser independentes como sempre foram! Eles têm todo o direito de casar com quem quiser! E quanto ao dr. Oscar e dona Vera, muitas felicidades!

---

[12] Casamento realizado em 16/11/2006.

DIA DOS PAIS: PRESENTES CHATOS À VISTA

Pai é um homem especialmente complicado de ser presenteado, pois em geral acaba pagando por um presente que não pediu, não quer e, ainda por cima, não gosta. Já que o comércio criou mais essa data e que a gente acaba tendo que acatá-la, vamos ao menos dar uma coisa que o pobre homem curta e use.

A primeira providência é pagar com o próprio dinheiro o que quer que se vá oferecer a ele. Dinheiro do próprio salário ou, pelo menos, da mesada. O fim do mundo é pedir um extra para esse gasto. O segundo passo é olhar para o pai não como se ele fosse um pai, mas como um homem interessante e único, com sua personalidade, seus gostos pessoais, seus *hobbies*, seus interesses.

Fujam dos clichês e não apareçam com uma gravata qualquer, uma camisa bege ou o pijama de sempre. Prefiram dar uma bebida diferente, uma dessas pingas chics que surgiram ultimamente; um livro sobre vinhos (já que ele anda se interessando pelo assunto); duas entradas para um concerto ou para o jogo de futebol em que vocês possam ir juntos na próxima semana.

O presente também pode ser o prato preferido dele, feito com o capricho de filho; um perfume para lá de bom; um som de última geração para o carro; um vale para que ele passe a noite num bom hotel com a mulher, longe dos filhos. Ou seja, nesse dia, dêem a ele o carinho que um pai adora e o tratamento vip que um homem merece.

NATAL COM A FAMÍLIA DELE

A Renata vai passar a noite de Natal na casa da família do noivo. Ela ainda não conhece todos os primos, tias e sobrinhos do rapaz, que são muitos, e está sem saber o que fazer com os presentes: será que vai ter que levar uma lembrança para cada um deles? O que fazer se ganhar alguma coisa de alguém que ela não presenteou?

Bem, Renata, a primeira coisa a fazer é se inteirar dos costumes da família do seu noivo. Pergunte para ele e, se ele não souber, aproveite para fazer uma média com a futura sogra e peça que ela mesma a oriente. Em geral, famílias grandes criam jeitos mais práticos e menos caros de dar presentes, combinando de só dar para as crianças, ou só para os afilhados, ou de fazer a brincadeira do amigo secreto (cada pessoa presenteia apenas um nome sorteado secretamente). Siga à risca o que ela disser.

E se, por acaso, alguém quiser ser especialmente gentil e der um presente inesperado para você, agradeça muito, e basta. Não fique dando explicações longas e desajeitadas por não poder corresponder. Você está entrando num outro universo e é natural que não conheça todos os códigos dessa turma. Aja com naturalidade e simpatia que tudo acaba bem.

DEVO, NÃO NEGO

Uma das piores situações na vida é dever dinheiro para parente ou amigo. Nenhuma etiqueta paga as dívidas, mas pode deixar o assunto menos constrangedor para as duas partes. Vamos supor que vocês tenham pedido um socorro financeiro para um cunhado. A intenção é pagar logo, mas esse dia começa a demorar mais do que o pretendido. Encontrar-se com ele torna-se um problema, e vocês não têm a menor idéia de quando vão conseguir saldar seu compromisso. É o começo de uma novela que só pode acabar mal.
Não deixem que isso aconteça. Algumas atitudes poderão salvá-los desse desastre:

1. Falem do assunto com a pessoa para quem estão devendo. Mostrem que o caso está presente na cabeça de vocês. Não deixem que ela pense que vocês não estão nem aí para o compromisso e que nem se lembram mais dele.
2. Não tentem compensar o fato dando presentes ou convidando o credor para uma ocasião especial. Ele vai é ficar pensando que vocês deveriam pagar a dívida em vez de gastar dinheiro, mesmo que seja com ele.
3. Não se esqueçam de colocar um mínimo de correção monetária na dívida. Aliás, isso deve ser combinado assim que vocês pegarem o empréstimo.

Comportamentos como esses evitam apuros e até que se rompam relações. Qualquer um de nós está sujeito a problemas financeiros. Agindo de forma civilizada, o episódio passará batido.

VIII. TENDÊNCIAS [DE COMPORTAMENTO]

I. DE OLHO NAS MUDANÇAS

MUDANÇAS

Interessante como as mudanças de comportamento começam devagarinho, mas depois se instalam como se fossem evidências incontestáveis!

Querem ver um caso que acabou resultando numa nova percepção estética e de comportamento? Pêlos masculinos. Desde os tempos das cavernas até recentemente, eram perfeitamente aceitáveis e ostentados tranqüilamente como sinal de masculinidade. Hoje, são quase indesejáveis. Os Tony Ramos[13] da vida estão raspando ou até mesmo depilando os cabelos do peito e das costas. Nas passarelas não se vê mais nenhum homem peludo, e o ideal de beleza se deslocou para os Brad Pitts, os Gianecchinis e outros lindões lisos e sem pêlos.

Mais um exemplo: gente bronzeada. Cariocas se gabavam da cor, paulistas iam escondidos à praia até pegar um bronze. Hoje, o sol é visto como um inimigo do qual a gente tem que se proteger, e o queimado é visto como prova de ignorância e falta de cuidados com a saúde.

Tudo que nos afasta da natureza selvagem e que leva em conta a saúde parece acabar se impondo. Qual será a próxima mudança?

---

[13] Tony Ramos, ator brasileiro, famoso por sua carreira em telenovelas e também por ser peludo.

SOMOS TODOS PAPARAZZI

Paparazzo é o sobrenome de um personagem citado no romance *No Mar Jônio*, do escritor inglês George Gissing, lido pelo cineasta Fellini enquanto escrevia o roteiro de *A doce vida*. O personagem do livro acabou servindo de inspiração para batizar os fotógrafos indiscretos que aparecem no filme. Sempre colados às celebridades, eles são loucos para tirar uma foto mostrando-as num momento de distração ou de intimidade. As fotos são vendidas para alguma revista e, muitas vezes, eles ganham fortunas por elas.

Com a popularização da tecnologia digital, nós todos viramos *paparazzi* e vítimas desse hábito, apesar de não ganharmos um tostão com isso! Não conheço quem não tenha uma câmera digital ou um celular para flagrar uma celebridade indo ao supermercado ou algum anônimo levando um tombo constrangedor. O resultado, para os famosos, é ter essa foto publicada na imprensa; e para o anônimo, ter seu anonimato suspenso por alguns dias. Ou seja, adeus sossego!

Portanto, antes de dar o próximo clique, estejam seguros de que o fotografado não vá se importar com a exposição. Respeitar o direito à intimidade dos *Outros* continua valendo.

MULHERES FUMANDO

Outro dia, num desses restaurantes da moda, fiquei prestando atenção nas mulheres em volta. Eram muitas e em bandos. Parecia que eu estava participando da filmagem de um dos episódios da série *Sex and the City*. Todas bonitonas ou, pelo menos, muito bem tratadas, com seus cabelões, seus jeans *premium*, seus sapatos de salto e aquelas bolsas de marca que todo mundo tem ou quer ter. Mas o que me deixou mais espantada foi verificar a quantidade delas que fumava. Sobretudo as mais jovens. As celebridades de antigamente, astros e estrelas de Hollywood, se deixavam fotografar com um cigarro nas mãos, entre uma misteriosa e cinematográfica nuvem de fumaça, para mostrar quanto eram glamurosas e chiques. Até os anos 70, fumar era uma coisa moderna, símbolo de independência e sofisticação. Tudo muito bonito, até que a medicina veio acabar com a festa: descobriu que o cigarro era um dos grandes responsáveis pelo câncer de pulmão.

Pânico geral. Campanhas internacionais contra o fumo. O hábito finíssimo passou a ser visto como um vício desprezível. Nos Estados Unidos, o cigarro foi banido de todos os lugares públicos.

Até os anos 90, o número de fumantes havia diminuído expressivamente no mundo todo. De lá para cá, aos poucos, a turma voltou a pegar no cigarrinho. Especialmente as mulheres. Podem reparar. Por que será que essa moda voltou? O que faz uma pessoa começar a fumar sabendo o que sabemos hoje sobre os efeitos do cigarro? Se alguém tiver uma explicação, por favor, me diga.

FUMANTES EM EXTINÇÃO

Cada vez mais fumantes são vistos como *junkies* – pobres seres presos a um hábito feio e antigo! Ganham nos restaurantes e nos hotéis os piores lugares (e agradeçam enquanto houver) e se arriscam a caras feias até mesmo no meio da rua.

Tenho observado que o maior problema dessa turma em extinção (além de como parar de fumar) é: onde e quando fumar sem enfurecer os saudavelmente corretos – que não só não fumam como fazem uma marcação cerrada aos que não dispensam a companhia de um cigarrinho? De fato, o cheiro do cigarro e a fumaça incomodam muito quem quer manter seus pulmões limpos. Por isso, fumantes, saibam que:

1. Quando estiver na casa de alguém não muito íntimo, dêem uma olhada para ver se há cinzeiros à vista. Se não houver, não fumem – o recado foi dado.

2. Fumar na casa dos outros, só depois de pedir licença e, mesmo assim, o melhor é ir para perto de uma janela aberta ou um terraço. Só fumem dentro da casa se a dona insistir ou também for fumante.

3. Nunca fumem à mesa. Por incrível que pareça, até os anos 80, toda mesa de jantar tinha cinzeirinhos e as pessoas fumavam até entre os pratos, ou entre refeição e a sobremesa.

4. Não fumem em locais onde o ar-condicionado esteja funcionando.

5. Em nenhuma hipótese acendam um cigarro no carro de um não-fumante.

6. Prestem atenção na direção da fumaça do cigarro para ver se não está invadindo as narinas dos outros.

7. Mesmo sozinhos em casa, não deixem de abrir as janelas depois de fumar para que o ar se renove e a sala ou quarto não fiquem com cheiro de cinzeiro velho.

Vocês não são fumantes? Ótimo, mas não precisam fazer disso uma cruzada contra infiéis, e deixem os fumantes em paz!

>>**189**

NARCISISTAS

Narciso era uma figura da mitologia grega que um dia, contemplando embevecido seu rosto refletido nas águas de um lago, achou-se tão lindo que foi descendo em direção à própria imagem para beijá-la e acabou morrendo afogado no poço da sua imensa vaidade. Por isso, chamamos de narcisistas as pessoas que vêm o mundo como espelho de si próprias, e não se interessam por ninguém ou nada a não ser que devolvam para elas o reflexo da própria imagem. Ou seja, gente que só olha o próprio umbigo.

É fácil detectar essas pessoas. Elas não têm nenhum desconfiômetro, acham que são o centro do mundo e nem sonham que possam ser vistas como figuras desagradáveis e cansativas.

Conheçam as pistas para detectar um narcisista:

1. Ele não tem interesse algum na opinião dos outros. Só ele é interessante, bem informado e só ele sabe contar casos com graça e humor. Fala muito e sem parar.

2. Ele costuma se achar divertido e tem certeza de que todos se interessam por conhecer histórias do seu cachorro, detalhes da sua gripe e de como foi incrível a façanha de trocar um pneu num dia de chuva na hora de maior trânsito.

3. Ele está sempre diante de um espelho ou então acha um jeito de ficar diante de uma janela para se ver no reflexo do vidro.

4. Se um narcisista faz uma pergunta, não é para conhecer a opinião da outra pessoa, mas para ver o efeito que suas palavras causaram no interlocutor.

Reconheceram as figuras? Pois é. Fujam delas como o diabo da cruz!

METROSSEXUAL

Sabem qual é a definição de metrossexual? Segundo Michael Flocker, jornalista que escreveu um livro sobre o assunto, é:

1. Homem do século XXI que estabelece tendências.
2. Homem heterossexual urbano com elevado senso estético.
3. Homem que dedica seu tempo e dinheiro à aparência e às compras.
4. Homem disposto a assumir seu lado feminino.

Já para Mark Simpson, o inventor do termo em 1990, o metrossexual pode ser assumidamente gay, hétero ou bissexual, o que não tem a menor importância, porque ele faz de si mesmo seu objeto sexual... Bem... Isso já mostra que qualquer relacionamento afetivo tem muito pouco espaço na vida deste personagem.

Vamos falar sério: esse negócio de homem que dedica seu tempo e dinheiro à aparência e às compras... não sei não. Mulher adora um homem limpinho e cheiroso. Um homem que goste de acompanhá-la. Um homem que saiba fazer um bom prato na cozinha, que envie flores, que seja culto e inteligente. Mas não conheço mulher que ache graça em homem que só pense em seus vinhos, seus automóveis, seus músculos, suas roupas de marcas famosas.

Uma pesquisa realizada pela revista americana *Playgirl*

mostrou que as mulheres preferem os rapazes com bar-riguinha normal ao "malhadaço" de barriga "tanquinho". Não se incomodam que homens tenham cabelo no peito, e gostam dos que não se preocupam tanto com a aparência. Enfim, mulheres preferem homens que não sejam egocêntricos, fúteis e vaidosos; homens que preferem olhar para elas em vez de olhar para o espelho.

OS GEEKS OU SEXY É NÃO SER SEXY

Li no jornal inglês *International Herald Tribune* uma matéria muito divertida, escrita por um jornalista japonês, que vai deixar os homens que nunca pisaram numa academia felizes da vida! Os *geeks* estão na moda. Sabem de quem estou falando? Daqueles rapazes de óculos, que jamais fizeram um exercício na vida a não ser bater no teclado de um computador, e que ficam o dia inteiro em casa diante dele, de moletom e de chinelo; que só comem o que tiver na geladeira; que não têm noção de marcas de roupa; que nunca se importaram com o corte do cabelo; que jamais usaram um perfume; que não sabem nem o nome do bar da moda, porque para eles a única diversão é o seu mundo virtual.

Diz o jornalista que as mulheres japonesas descobriram esse filão, essa reserva de homens. E estão encantadas. "Eles são tão ingênuos e parecem tão sinceros", diz uma delas. "São menos tensos, não são vaidosos e metidos." Ou seja, sexy é não ser sexy! Pelo menos em Tóquio. Parece que lá, o grande sucesso da televisão é um seriado chamado *O homem do trem*,[14] que trata do romance entre uma linda executiva de sucesso e um desses *geeks*. A graça toda é que ele não tem a menor idéia do que fazer com a moça: não sabe aonde ir, o que pedir num restaurante, o que usar para sair, muito menos namorar ou fazer qualquer tipo de charme.

---

[14] *Train man*, título original da série levada ao ar pela Rede de TV Fuji, no Japão, em 2005. A história inspirou filmes, mangás e livros do mesmo nome.

Qual o atrativo que estes homens podem ter para as mulheres de hoje? É bom ficar de olho, a moda pode estar sinalizando um certo cansaço das moças em relação aos metrossexuais e outras "pavonices" que se vêem por aí. Além do mais, segundo elas, *geeks* não trocam uma mulher por outra. Só por um novo modelo de computador. Antes assim.

HOMENS TURBINADOS

Uma grande indústria brasileira de cuecas está colocando dois novos modelos no mercado com a finalidade de dar mais visibilidade às partes íntimas masculinas. Ou seja: está lançando cuecas com opções de enchimentos para a parte da frente e para a traseira. O cavalheiro escolhe o modelo que vai, digamos, corrigir uma falta ou uma falha da natureza.

As mulheres ficaram chocadas? Bem feito! Quem manda? Fomos nós mesmas quem demos o exemplo inventando de usar sutiã com enchimento, calcinhas com falsos bumbuns, apliques no cabelo e não sei mais o quê.

A fábrica que vai lançar o mimo garante que está de olho no público heterossexual. Embora, evidentemente, não descarte o homossexual. Diz que está apoiada numa pesquisa em que 80% das mulheres elegeram o bumbum como a primeira coisa que olham num homem! Pode uma coisa dessas? E como fica a decepção quando descobrirem que as belas curvas deles eram todas de mentirinha? Igual à deles quando constatam os nossos velhos truques...

HOMENS TURBINADOS E OUTRAS GRACINHAS...

Como se não bastassem cuecas para turbinar os homens, vem mais outra gracinha por aí, desta vez da França: meias-calças masculinas, finas e transparentes, em tons de pele, ou pretas e acetinadas. A novidade estará exposta nas lojas e em gôndolas de supermercado com um homem na embalagem para evitar confusão na hora da compra. O produto difere do feminino por conta dos tamanhos muito maiores, da cintura bem mais larga, e de uma necessária e óbvia abertura transversal na frente, como nas cuecas. O apelo de vendas garante: "É possível ser sexy e continuar sendo um homem usando meias-calças finas".

Se vocês querem saber, não vejo motivo para um homem que usa calças compridas usar meias-calças finas, transparentes e cor da pele! Mulheres usam porque vestem saias e vestidos que deixam as pernas de fora. Mas os homens? Será que eles estão dando o troco por termos surrupiado deles os ternos e as calças compridas?

Tenho o pressentimento de que a coisa não vai parar por aqui. Meninas, preparem-se, porque ainda tem muita coisa no nosso guarda-roupa para deixar os rapazes de olhinhos brilhando!

MARINHEIROS DE PRIMEIRA VIAGEM

A garota, uma paulista de 19 anos, já havia ido para Nova York, Londres e Paris, mas nesse carnaval seria sua primeira vez no Rio de Janeiro. Não é incrível? Pois é mais comum do que se imagina. Está cheio de gente que já viajou para o exterior, mas que não conhece nada do Brasil. Entusiasmada, ela me conta que vai assistir aos desfiles das escolas de samba e que depois ficará por mais uns dias. Recomendo então que não deixe de ir ao Pão de Açúcar e ao Corcovado. Ela olha pra mim desconfiada, e ri como se eu estivesse brincando. "Imagine só", diz ela, "isso é coisa de turista!" Fiquei pasma com a reação! E o que ela pensa que é? Uma pessoa que vai pela primeira vez passear e conhecer um lugar é um turista. E, portanto, um marinheiro de primeira viagem que faria muito melhor se preparasse sua visita para não perder tudo de bom que a ida a uma cidade desconhecida pode proporcionar.

Minha primeira dica é: ajam como turistas. Comprem um mapa para se localizar e um bom guia. Depois, procurem saber um pouco da história do lugar, conheçam seus hábitos, perguntem antes a quem já esteve quais os bons restaurantes, como é a comida típica, onde ouvir a boa música local. Procurem ir a todos os lugares cinco estrelas recomendados nos guias – são sempre bons. E uma última dica: não deixem de ir ao mercado municipal da cidade. Não tem jeito melhor de conhecer um lugar do que ver o que as pessoas comem.

Embarcar na atitude esnobe do tipo "não vou a lugares de turista" é uma bobagem sem tamanho; uma garantia de voltar para casa sem ter aproveitado metade do que podia. E vocês sabem: nada como uma viagem para aumentar a taxa de civilidade.

DONO DE CACHORRO: UMA RAÇA À PARTE

Todo mundo sabe que donos de cachorro são uma raça à parte. Eles têm como característica o fato de acharem que o mundo inteiro participa do entusiasmo deles para com os animais, sobretudo com os seus. Não é que eu não goste, tenho até muita simpatia pela maioria dos cachorros que encontro por aí. Dos pequenos, então, nem é bom falar – impossível existir alguma coisa mais fofa. Só que não quero ter minhas pernas lambidas por nenhum deles no elevador do meu prédio, não quero pêlos nos bancos do meu carro, não quero vestígio de cheiro de cachorro no meu tapete – onde, aliás, também não quero ver um inevitável xixi (e ter que lavar com água e sabão depois).

Também tenho horror de chegar à casa de alguém e ser recebida com latidos. Depois, passar o tempo, disfarçadamente, empurrando o animalzinho que vem me cheirar e lambuzar minha roupa com seu focinho e boca sempre molhados.

Sei perfeitamente que todas essas situações não incomodam nem um pouco os amantes dos cães, mas gostaria que eles levassem em consideração meu direito de não querer seus bichinhos por perto.

Como grande parte dos paulistanos, moro em um prédio onde animais são admitidos. Concordo completamente com a permissão, desde que alguns cuidados sejam tomados por parte dos donos. O primeiro deles é lembrar que gente tem primazia sobre cães, de modo que, se algum vizinho não gostar de dividir o elevador com seu cão, por favor, deixem que ele suba primeiro e esperem que o elevador volte vazio para ter a sua vez. Ele pode ter medo ou alergia, e deve ter seus problemas respeitados.

Evitem levar cães a shoppings, lanchonetes, lojas. Nem pensem em ir à casa de algum amigo com o totó sem pedir permissão antes; e não insistam se perceberem que o anfitrião não mostrou entusiasmo com a possibilidade de receber essa dupla visita. Menos ainda se ele também tiver um cachorro que, com certeza, vai implicar com o visitante.

Donos de cachorro são uma raça simpática, mas folgada; seria bom que tivessem um comportamento mais educado e que estendessem essa educação aos seus animais.

AMAR É... EDUCAR

Pode acontecer com todo mundo: um dia me vi em um bufê, às 4 horas da tarde de um sábado, em uma festinha infantil. Vou pouquíssimo a este tipo de evento porque as únicas crianças que existem em minha vida são dois afilhados, de 7 e 2 anos de idade que, felizmente, me expõem pouco a esse doce pesadelo.

Já que eu estava lá mesmo, aproveitei para uma pequena pesquisa sócio-comportamental com as mães perguntando o que faziam, onde trabalhavam, enquanto acompanhávamos a correria das crianças. Das seis mães, duas não trabalhavam. Pode ter sido coincidência, mas não pude deixar de reparar que os filhos das mães que não trabalhavam eram mais controlados e obedientes que os das outras. Já os filhos das que trabalhavam não responderam nenhuma das vezes ao chamado da mãe.

Não estou fazendo nenhuma análise sociológica aqui, mas ao longo da conversa pude observar quanto estas mães se sentiam culpadas de não estarem mais tempo com suas crianças e que, por isso mesmo, quando estavam com elas, tinham mais dificuldade em se impor, dizer não, ou seja, educar. Não queriam ficar com imagem de chatas nas poucas horas que conseguiam passar com os filhos. Aí está um grave erro da parte delas: confundir dar limites (que criança precisa e gosta) com repressão.

Conclusão dessa apressada tese: mães que trabalham, saibam que amar é educar. E as crianças, atualmente, não estão mais sendo educadas pelas mães, mas pelas babás, avós, tias ou escolas que, obviamente, não têm a mesma autoridade ou a força delas. Os pequenos vão crescer sem códigos, sem dicas de comportamento. Pior para eles, pobrezinhos. Isso vai fazer falta mais tarde. O mundo privilegia os bem-educados.

CRIANÇAS NOS ANOS 60

Estou me deliciando com um livrinho de etiqueta dos anos 60, [15] presente comprado num sebo em Paris. É pequeno, cheio de ilustrações e dicas ótimas. Achei o capítulo dedicado à educação das crianças especialmente interessante. Olhem só o que diz:

1. Não se deixem tiranizar pelas crianças por medo de deixá-las complexadas. Crianças aceitam muito bem reprimendas justas.
2. Não tolerem manhas.
3. Mantenham suas promessas, sejam elas recompensas ou punições. Uma criança tem que aprender a obedecer.
4. Se uma criança come com as mãos, empurra o prato de comida aos gritos e rola no chão porque quer mais sorvete, que ela coma suas refeições sozinha. Não imponham a presença da "pestinha" ao resto da família ou às visitas.
5. Não deixem que a criança interrompa a conversa dos adultos para falar o que lhe passa pela cabeça. Não pensem que as gracinhas dos seus filhos interessam loucamente aos seus amigos.

Não é bom? Essas dicas têm muitas décadas. Quem dera os pais modernos ainda as seguissem...

---

[15] Françoise Raucourt, *op.cit.*

SER MULHER

Ao meu lado no cabeleireiro, uma menina de 13 anos tira a sobrancelha. Os gritos que ela havia dado para depilar as axilas foram substituídos por lágrimas silenciosas e conformadas. Coitada, pensei com meus botões, essa começou cedo. Faço as contas: se ela viver oitenta anos vai passar 67 deles na tortura voluntária dos ritos de beleza modernos: arrancar pêlos da cara, das pernas, da virilha, mas fazer o que precisar para que os da cabeça cresçam; pintar os pêlos do rosto, das pernas e dos braços de louro; as unhas dos pés e das mãos; alisar os cabelos se eles forem crespos, ou encrespar se forem lisos (uma mulher moderna jamais se conforma com os cabelos do jeito que vieram – vai sempre fazer o contrário do que eles são).

E mais: vai, em algum momento da vida, perder horas e horas fazendo luzes, escurecendo ou clareando a cor original dos cabelos, sem falar no momento fatídico em que vai passar a ter que tingi-los a cada quinze dias porque eles ficaram completamente brancos.

Uma mulher moderna vai gastar o que tem e o que não tem com cremes que prometem tirar manchas e rugas ou que hidratam, renovam e rejuvenescem a pele do rosto, do pescoço, das mãos e dos pés, sendo que, no fundo, todas sabem que é impossível resolver esses assuntos fatais com cremes. Isso, é claro, para falar nos procedimentos leves; sem entrar no tempo e na grana que ela vai gastar em Botox, preenchimento de rugas, *liftings*, lipos, clareamento de dentes e outras maravilhas que, se Deus ajudar, ainda hão de ser inventadas. Loucura? Sei não.

Mulheres da geração de nossas avós não fizeram nada disso – e aos 40 anos pareciam ter 60! Hoje, uma de 60 parece, quando muito, ter 40.

Vale ou não o sangue, o suor e as lágrimas?

Vocês é que decidem. Obrigar, ninguém obriga!

BETTY FRIEDAN: ADEUS E OBRIGADA

Morreu em Washington, aos 85 anos, dia do seu aniversário, uma mulher a quem eu devo muito. Eu e todas as mulheres do mundo. Ela é Betty Friedan, escritora e uma das líderes do movimento feminino dos anos 60. Seu livro *A mística feminina*, publicado em 1963, foi um *best-seller* que mudou a relação das mulheres com o mundo, estabelecendo, para sempre, seus direitos. Direito a condições iguais no trabalho, na condução da própria vida, no planejamento familiar. Esse livro (assim como o *Memórias de uma moça bem-comportada*, da francesa Simone de Beauvoir) mudou a minha vida.

Antes de Betty Friedan o mundo era machista e não sabia. Não só os homens eram machistas; mulheres também eram. Me lembro muito bem quando ela veio ao Brasil para divulgar suas idéias sobre o feminismo de quanto foi ridicularizada e maltratada pela imprensa brasileira, mulheres inclusive, porque ela era feia. Imaginem só! Em vez de falar da revolução libertária que ela estava propondo, tentavam desqualificar o seu discurso falando da aparência, da roupa, do cabelo. Foi uma vergonha! Levou tempo para o mundo e as próprias mulheres levarem o assunto a sério e entenderem os benefícios que essa nova postura traria. Benefícios para os homens, que foram liberados da duríssima condição de eterno provedor, e para nós, que tivemos, finalmente, o direito de decidir o que era melhor para nossa vida.

O feminismo passou por muitas mudanças dos anos 60

até hoje: evoluiu, se firmou. Entramos no século XX tratadas pelas leis como crianças, loucos e índios – e saímos como gente grande, responsável e donas do nosso nariz. É pouco?

Pois agradeçam a dona Betty Friedan, essa bela senhora que morreu ontem [4/2/2006] e que deixou filhos e muitos netos.

2. CELEBRIDADES

ETIQUETA PARA CELEBRIDADES E FÃS

Aposto que hoje em dia todo mundo já deu de cara com uma celebridade em algum momento da vida. Pode ser uma daquelas estreladíssimas, nível nacional, em geral do mundo dos espetáculos ou da tevê; ou com alguma mais discreta, ligada a um assunto específico, como um grande médico, escritor, jornalista. Seja lá como for, alguém conhecido. Nunca a mídia deu tanto destaque para essas pessoas; nunca elas tiveram tanto a vida exposta à curiosidade do grande público como agora. Seus casamentos, seus namoros, o nascimento dos filhos, suas brigas, suas roupas – tudo vira assunto. Estamos numa era em que as celebridades tomaram uma enorme importância. Hora, portanto, de estabelecer algumas medidas para que elas não invadam demais o nosso espaço e vice-versa.

Se você é uma celebridade, saiba que:

1. O mundo não está à sua disposição – e que ninguém suporta ver você tentar passar na frente dos outros nas filas dos restaurantes ou dos shows.

2. Você não deve se portar como uma criança mimada que quer tudo na hora e quer tudo de presente. Aceite alguns convites e presentes, mas pague suas contas nos hotéis, nas butiques, nos restaurantes também.

3. Você deve tratar bem as pessoas. Não tem nada mais feio do que ver uma celebridade tratando grosseiramente pessoas que trabalham para ela ou trancando a cara para um fã.

Se você é o fã, saiba que:

A celebridade em questão não está à sua disposição para ser beijada, agarrada e alugada para conversas e, sobretudo, para pedidos (de emprego, de dinheiro, de roupas). É que de tanto saber sobre a vida delas, temos a impressão de que são nossas velhas conhecidas. Íntimas mesmo. Mas... não são.

Já ouvi algumas pessoas dizerem que o assédio dos fãs é o preço da fama. Não acho justo. O preço ela paga com o seu trabalho, com seu esforço, com o tempo que ela dedica ao seu público. Ela tem, sim, direito a alguma privacidade, especialmente quando está fazendo seus exercícios, passeando com suas crianças, jantando num restaurante com amigos. Pode se aproximar dela, sem invadir, quando ela estiver livre, e então pedir um autógrafo ou fazer um elogio. Isso é sempre agradável e nada invasivo. Tem hora para tudo.

Celebridades e fãs, o civilizado é não invadir e não abusar.

FÃ CHIC

Fotografar ou não fotografar – essa era a questão da Janete na noite em que se viu lado a lado com um dos seus ídolos, num dos bares da cidade. Na bolsa, uma máquina digital prontinha para ser disparada. Ela conta que o primeiro impulso foi, é claro, fotografar. Depois, olhou em volta e percebeu que ninguém estava perturbando o rapaz com qualquer tipo de solicitação, fosse autógrafo ou foto. Ele estava ali, aproveitando sua folga com amigos, na maior tranqüilidade. Janete ficou paralisada e não ousou tirar sua máquina da bolsa. Contentou-se em ficar admirando o ídolo de longe, sem guardar dele a recordação digital. "Fiz bem?", pergunta ela, dividida entre o orgulho de ter sido tão discreta e uma pontinha de arrependimento pela mesma razão.

Bem, Janete, só posso dar meus parabéns por sua alta taxa de civilidade. Poucas pessoas teriam a delicadeza de se conter e pensar nos sentimentos do outro, e não só nos próprios impulsos e vontades. O que mais se vê são pessoas invasivas, certas de que podem dispor do tempo das pessoas conhecidas a qualquer momento, como se tivessem obrigação de estar à disposição dos fãs.

O importante é saber avaliar o momento antes de se aproximar de alguém e pedir um autógrafo ou uma foto. Artistas ou pessoas que têm um trabalho público, na maior parte das vezes, gostam de ser reconhecidos e aplaudidos. Tudo que é feito com educação, sem histerias e na hora certa terá sempre um bom acolhimento.

Janete, você foi ótima e merece um prêmio: vou contar o caso para o seu ídolo para que saiba que fã chic ele tem!

FALAR MAL DE EX

Celebridades vivem se queixando de invasão na privacidade delas, mas não cansam de invadir a nossa com suas fotos e entrevistas, em que falam com detalhes de sua vida particular, seus casamentos, brigas e separações. Uma das coisas mais esquisitas, para mim, é ver casais recém-separados falando mal um do outro.

Em primeiro lugar, nada pode ser mais deselegante do que falar do ex em público. Sair por aí revelando hábitos que só fazem sentido na intimidade de um casal, como pequenas manias e apelidos, e reclamando dos defeitos, expondo o outro. É a pior das traições, e acaba pegando mal para quem fala.

A segunda coisa péssima é a compulsão para, imediatamente, dar um jeito de aparecer "com um novo amor". Quem elas pensam que estão enganando? O(a) ex-namorado(a) ou o marido (a mulher)? O público? O pior é que passam uma falsa ilusão de que não sofrem, de que não sentem as perdas, como se para as celebridades tudo fosse fácil e sem dor. A gente sabe que não é assim, e esse teatro não faz sentido.

Todo mundo sente insegurança e sofre com brigas e abandonos. Rupturas pedem um mínimo de recolhimento, e é uma boa hora para calar a boca e pensar um pouco na vida. Civilizado é refletir e aprender com o que passou.

NAMORO NO MAR

Estamos num mundo onde a fronteira entre o público e o privado quase não existe mais. No cinema, nos bares, vemos casais se agarrando e se beijando como se estivessem no sofá de suas casas. Pessoas famosas contam suas intimidades e se deixam fotografar tomando banho nas banheiras cheias de espuma de suas casas. Namorar e transar na praia é apenas um degrauzinho a mais nesse comportamento escancarado.

O Brasil e o mundo assistiram ao vídeo em que a linda Cicarelli e o namorado se entregaram às cenas sexy nos mares de Espanha com o à-vontade de quem está sozinho num quarto fechado.[16] Depois, reclamaram da invasão de privacidade, e ficaram magoados e abatidos como se tivessem sido injustiçados. Ora, tenham dó, meus queridos. Todo mundo sabe que as câmeras fotográficas estão prontinhas para entrar em ação a qualquer momento e que, segundos depois, as imagens vão estar na internet para o mundo todo se divertir. Se isso pode acontecer com qualquer anônimo, o que dirá com uma celebridade internacional como a ex-senhora Fenômeno?[17]

Não é uma boa idéia esquecer a diferença entre o comportamento público e o privado. Menos folga – e mais contenção – evitariam esse vexame.

[16] Polêmico vídeo em que a modelo Daniella Cicarelli aparece em cenas de sexo com o então namorado, o empresário Renato Malzoni Filho, numa praia na cidade de Tarifa, em Cádiz, no sul da Espanha.

[17] O jogador brasileiro tetracampeão Ronaldo Nazário, o Ronaldinho, "o Fenômeno".

NAOMI: PEGOU PESADO? PEGA NO PESADO!

Ato 1: Naomi [18] procura um jeans.

Ato 2: Naomi não encontra o tal do jeans e acha que a empregada é a culpada pelo sumiço.

Ato 3: Irritada, joga o celular na cabeça da perplexa empregada.

Ato 4: Naomi vai parar na delegacia.

Ato 5: Naomi é condenada a cinco dias de serviços comunitários para largar de ser grossa e prepotente; multada em 363 dólares para cobrir as despesas médicas da empregada (que levou três pontos na cabeça) e obrigada a assistir aulas para contenção da raiva.

Segundo o subchefe do Departamento Sanitário da cidade de Nova York, Albert Durrell, Miss Campbell chegou pontualmente ao local onde será vista por alguns dias trabalhando de uniforme ao lado de três outros condenados ao mesmo castigo. "Nós temos muitas atividades para ela durante os próximos dias, quando estará ocupada varrendo, espanando, esfregando e limpando vidros de janelas. E mais: se não fizer direito, terá que limpar banheiros", declarou. E fim de papo.

---

[18] A supermodelo Naomi Campbell foi condenada em janeiro de 2007 a passar cinco dias lavando pisos e banheiros num depósito de lixo de Nova York, depois de ter se confessado culpada de agressão impensada ao atirar um celular contra sua ex-empregada, Ana Scolavino, durante uma discussão sobre o sumiço de uma calça jeans.

Já pensaram se a moda pega aqui no Brasil?

Gente que não recolhe das calçadas os detritos de seus lulus deveria pegar uns dias de faxina em alguma instituição pública, assim como gente que joga papel pela janela do carro; o mesmo para quem cospe na rua, quem trata mal garçom, quem fura fila, quem dá fechada no trânsito, quem faz barraco em cabeleireiro; e tantas outras pequenas prepotências que vemos acontecer diariamente.

Já estou vendo a brasileiríssima turma do "sabe com quem está falando" de balde e vassoura na mão aprendendo, na marra, a ser civilizada.

FAMOSO PODE FURAR FILA?

Aconteceu esta semana no Rio de Janeiro e saiu nos jornais:[19] senhora da alta-sociedade fura fila em noite de autógrafos, deixando o público presente indignado. O fato, porém, contém dados que o jornal não publicou: a senhora em questão, uma celebridade internacional, foi identificada na fila pela assessoria de imprensa do evento e praticamente carregada de lá para uma sessão de fotos junto do autor. A alegação era a de que a foto era importante para a divulgação do livro, e os fotógrafos, infelizmente, tinham hora marcada para sair. Diferente, portanto, de alguém que se faz valer de seu prestígio ou de sua notoriedade para conseguir furar filas de espera em aeroportos, restaurantes e lançamentos de livros.

Furar fila, sem motivo justo, é o cúmulo da prepotência e da falta de educação.

"Celebridades" costumam receber tratamento diferente do resto dos mortais. Mas há poucos casos em que esse privilégio se justifica por se tratar de um assunto profissional. Fora disso, não há como desculpar. Fila é fila e nada mais democrático do que se submeter à sua formação.

Coisa de gente civilizada.

---

[19] Refere-se à noite de lançamento do livro *Dicionário da moda*, de Marco Sabino, editora Campus, em 14/12/2006, com a presença da celebridade mineira Bethy Lagardère.

IX. TESTE SUA CIVILIDADE

TAXA DE CIVILIDADE

ALÔ, CHICS! A gente paga INSS, CPMF, taxa de lixo e não sei mais o quê. Pois eu acho que em vez de pagar tudo isso bastava pagar o TC – Taxa de Civilidade. Garanto que tanto o governo como nós mesmos sairíamos beneficiados.

Para calcular a TC, chequem a lista abaixo para conhecer doze coisas que isentam do pagamento, e mostram quanto vocês estão contribuindo para o bem-estar público:

1. Levar cachorros para passear sem esquecer os apetrechos necessários para fazer desaparecer os vestígios fisiológicos que os lulus deixam nas calçadas. Essa dica é especialmente útil para moradores de bairros que se transformaram em "cocozódromos" a céu aberto... Ô nojo!

2. Saber ouvir uma história até o final sem interromper para contar a sua que é muito melhor.

3. Não confundir casamentos com bailes e vestir-se diferentemente nas duas ocasiões.

4. Falar baixo – até mesmo quando estiver fazendo valer seus direitos.

5. Respeitar filas – sejam elas quais forem.

6. Conter os impulsos assassinos quando estiver dirigindo e, principalmente, evitar insultos pesados para não pagar o mico de encontrar com o insultado no jantarzinho que seu novo patrão convidou.

7. Avisar um amigo que ele esqueceu de fechar o zíper da calça, que ele está com um verdinho engastalhado nos dentes, que ele se sentou em cima de um chiclete, que o cabelo dele está esquisito. É falta de caridade cristã não fazê-lo.

8. Respeitar faixa de pedestres.

9. Esperar que as pessoas saiam do elevador antes de ir entrando...

10. Para homens: ajudar as mulheres a carregar uma mala ou um pacote nitidamente pesados. Elas só não vão gostar se forem tontas.

11. Para mulheres: fazer um cafezinho para um namorado ou colega de escritório. Esta gracinha não faz de vocês pessoas subalternas. É só uma gentileza.

12. Para celebridades: não reajam com prepotência às situações difíceis. Nada de "você sabe com quem está falando". Dizer *por favor* e *obrigado* todas as vezes que a situação pedir.

Se vocês disseram sim a pelo menos 11 dos 12 itens acima, parabéns. A comunidade civilizada agradece. E vocês sabem:

NINGUÉM É CHIC SE NÃO FOR CIVILIZADO!

Este livro foi composto em Secction pelo Estúdio Leticia Mora e impresso em papel off set 120g pela Ediouro Gráfica, Rio de Janeiro, em 2008.